我思故我笑

我思故我笑

哲学的幽默一面

［美］约翰·艾伦·保罗斯　著

徐向东　译

世纪出版集团　上海科技教育出版社

出版说明

自中西文明发生碰撞以来，百余年的中国现代文化建设即无可避免地担负起双重使命。梳理和探究西方文明的根源及脉络，已成为我们理解并提升自身要义的借镜，整理和传承中国文明的传统，更是我们实现并弘扬自身价值的根本。此二者的交汇，乃是塑造现代中国之精神品格的必由进路。世纪出版集团倾力编辑世纪人文系列丛书之宗旨亦在于此。

世纪人文系列丛书包涵“世纪文库”、“世纪前沿”、“袖珍经典”、“大学经典”及“开放人文”五个界面，各成系列，相得益彰。

“厘清西方思想脉络，更新中国学术传统”，为“世纪文库”之编辑指针。文库分为中西两大书系。中学书系由清末民初开始，全面整理中国近现代以来的学术著作，以期为今人反思现代中国的社会和精神处境铺建思考的进阶；西学书系旨在从西方文明的整体进程出发，系统译介自古希腊罗马以降的经典文献，借此展现西方思想传统的生发流变过程，从而为我们返回现代中国之核心问题奠定坚实的文本基础。与之呼应，“世纪前沿”着重关注二战以来全球范围内学术思想的重要论题与最新进展，展示各学科领域的新近成果和当代文化思潮演化的各种向度。“袖珍经典”则以相对简约的形式，收录名家大师们在体裁和风格上独具特色的经典作品，阐幽发微，意趣兼得。

遵循现代人文教育和公民教育的理念，秉承“通达民情，化育人心”的中国传统教育精神，“大学经典”依据中西文明传统的知识谱系及其价值内涵，将人类历史上具有人文内涵的经典作品编辑成为大学教育的基础读本，应时代所需，顺时势所趋，为塑造现代中国人的人文素养、公民意识和国家精神倾力尽心。“开放人文”旨在提供全景式的人文阅读平台，从文学、历史、艺术、科学等多个面向调动读者的阅读愉悦，寓学于乐，寓乐于心，为广大读者陶冶心性，培植情操。

“大学之道，在明明德，在新民，在止于至善”（《大学》）。温古知今，止于至善，是人类得以理解生命价值的人文情怀，亦是文明得以传承和发展的精神契机。欲实现中华民族的伟大复兴，必先培育中华民族的文化精神；由此，我们深知现代中国出版人的职责所在，以我之不懈努力，做一代又一代中国人的文化脊梁。

上海世纪出版集团

世纪人文系列丛书编辑委员会

2005年1月

我思故我笑

献给

妻 子 希 拉

目录

对本书的评价

要是普通人真正理解了这本奇妙的重要读物中的思想,我们的社会就会不可想象地不同。

——侯世达(Douglas R. Hofstadter),

《哥德尔、艾舍尔、巴赫:一条永恒的金带》的作者

保罗斯擅长用令人难忘的笑话捕捉艰难的思想。在如此艰难的思索时,我还从未像这样放声大笑过。

——布赖恩·巴特沃思(Brian Butterworth),

《什么算数:每个大脑如何被硬连接起来做数学》的作者

如果像我一样,你在逻辑难题和荒谬中找到乐趣,那么在约翰·保罗斯的《我思故我笑》中,你会找到大量的乐趣。另一方面,如果你是那种像保罗斯和我这样的单调乏味的人,那么你应该浏览他的书,看看你

正在迷失什么。

——特德·科恩(Ted Cohen),

《笑话:对可笑问题的哲学

思考》的作者

令人钦佩……你能够在两小时内读完[这本书]。然而,这可能是你曾经度过的茅塞顿开、甚至"胜读十年书"的120分钟。

——亨利·凯梭(Henry Kiser),

《芝加哥太阳时报》

内容提要

本书共分4章：两对不可能的搭档；逻辑；科学；人物。作者通过维特根斯坦与卡罗尔、格劳乔与罗素之间虚构的对话，妙趣横生地探讨“哲学的幽默一面”、逻辑推理中的“傻段论”、说谎者悖论，生动形象地阐释哥德尔不完全性定理、绿蓝—蓝绿悖论、渡鸦悖论，从还原论、可错论和机会主义，到随机性、复杂性和贝尔不等式，借助大量寓言、故事、谜题，发掘分析哲学与幽默的深层共鸣，揭示非决定论、囚徒困境、投票悖论背后的意蕴，最终归结为“我思故我笑”。

本书自1985年出版英文版以来，已被翻译成西班牙文、法文、荷兰文、德文、意大利文、土耳其文、日文等文字出版。

作 者 简 介

约翰·艾伦·保罗斯(John Allen Paulos),畅销书作家、数学家,宾夕法尼亚坦普尔大学数学教授,著有《不识数:数学盲及其后果》、《数学家读报》、《从前有一个数》和《数学与幽默》。他在美国国家公共电台"科学星期五"、英国BBC电视台频频露面,除了为《纽约时报》、《洛杉矶时报》、《华盛顿邮报》、《华尔街日报》、《福布斯》等报刊撰稿以外,他还为《发现杂志》、《美国学者》、《国家》、《纽约时报书评》、《纽约书评》、《华盛顿邮报书世界》、《伦敦书评》等写书评。

中译本序言

《我思故我笑》是一本奇妙的哲学著作。虽然就对问题探讨的深度和系统性而言，它不如与之相类似的一些其他著作，比如说侯世达的《哥德尔、艾舍尔、巴赫：一条永恒的金带》，但是这本书以一种相对容易接近的方式揭示了哲学思维的本质，特别适合于那些想要理解哲学究竟是什么的读者阅读。尤其是，它以一种幽默的方式阐明了一些有趣的和深刻的哲学问题。因此，我很乐意把这本书介绍给我们的中文读者。

然而，幽默总是相对于特定的语言和语境的。一些用英语（或者任何其他的外国语言）表述起来是幽默的东西，通过翻译则至少会部分地丧失其幽默感。这给本书的翻译带来了一些困难，正如读者可以从这个译本中体会到的。但是不管怎样，我要尽力维护哲学幽默和在它之中反映出来的哲学思维给予我们的启发。我已经在译文中容易引起混淆或困惑的地方，添加了一些必要的注释（所有的脚注），希望有助于读者的理解。

像原书的作者一样，我希望您能够喜欢这本小书。

徐向东

2002年8月

于北京大学哲学系

第二版序言

《我思故我笑》(*I Think*, *Therefore I Laugh*)是我的六本书中的第二本,它已经脱销了一些时间。当哥伦比亚大学出版社问我是否有兴趣再版这本著作,并为之写个新的序言时,我欣然同意了。维特根斯坦(Ludwig Wittgenstein)曾经说过一句妙语,一本哲学书可以完全由笑话组成。部分地受这句话鼓舞,部分地或许由于一个作者的近视般的虚荣,我总是喜欢这本小书。由于这本书很快就脱销了,我已经把它用作一个小小的采石场,在我后来出版的书中,读者或许可以识别到这本著作的片言只语。而且,这本书的许多关注类似于我后来出版的书的关注:对数学(mathematics)和科学(science)以及二者之间关系的误解(misunderstanding),伪科学(pseudoscience)及其吸引力,概率和统计学的运用(uses)和误用(misuses),幽默(humor)和"高阶"("higher-order")的努力,叙述和数字之间的相互影响。

虽然我的博士学位是在数学尤其是在数理逻辑领域,但我对分析哲学及其难题总是抱着一种兴趣。在写《我思故我笑》时,我认为,在这样的哲学抽象和日常生活的关注之间的界线特别值得探究。这种探究的回报主要是智识上的。想想对“哲学家”的一个定义：一个哲学家是这样一个人，他参加一个有关量刑指导分析的会议，但却提交了一篇论述“时间”的意义，以及监禁的同谋犯所面临的逻辑困境的论文。鉴于社会、经济和时事问题不是本书的焦点（就像它们在我后来写的一些书中那样），没有抗拒不住的诱惑需要更新这本书。除了剔除一些不恰当的内容和个别微小的错误外，我没有改变任何东西。

要是让我重新创作此书，我会选择一组略微不同的哲学问题，一组不同的笑话和比喻，而且会以一种更加从容的节奏来发展它们。但是这里的介绍却有点儿无情：我一会儿谈论某个东西，一会儿谈论某个别的东西，然后谈论某个其他的东西。不过，我重申和支持这本书的指导观点：概念幽默（conceptual humor）和分析哲学（analytic philosophy）在一个非常深的层次上是共鸣的。你听见过乔治·卡林（George Carlin）和格劳乔·马克斯（Groucho Marx）对罗伯特·诺齐克（Robert Nozick）和伯特兰·罗素（Bertrand Russell）说什么吗？……

第一章 两对不可能的搭档

导论

奥地利哲学家路德维格·维特根斯坦(Ludwig Wittgenstein)曾经评注道:“一部严肃的好的哲学著作,可以完全用笑话来写成。”如果你理解了这个相关的哲学要点,你便抓住了这个笑话。在我看来这总算是一个聪明的评注,本书部分地就是为了示范它而写的。本书将包含一些笑话,还有一些故事、比喻、难题和逸闻,所有这些东西都会以某种方式联系到各种各样的哲学问题。这些故事和逸闻将由一些(最低限度的)注释连接起来,通过论题而被松散地整合在一起。我希望它们能够传达现代哲学的一些韵味和实质,驱散在一些人心中的这样一种感觉:哲学是对生活的某种指导,是神学或数学的一个分支,或者只是面对逆境时的坚韧。

对这番努力的一个明显的批评是,要使哲学要点变得可理解,把它们联系起来的笑话、例子和隐喻就必须被放置在一个相关的语境中,必须成为一个严密推理论证的一个部分。这当然往往是对的,但就大多数笑话、例子和隐喻而言，语境和论证至少已经部分地隐含在故事本身之中了。比如说，考虑这个故事：猴子随机地在打字机上打字，结果打出了《李尔王》（*King Lear*）。甚至没有语境或论证，这个孤立的故事也能激发人们的思想，即使经常激发的是“错误的”思想。对于其他经典的故事，比如一棵树落在一片无人居住的森林中的声音，拉普拉斯（Laplace）的宇宙作为一部巨大无情的钟的决定论意象（deterministic image），或者柏拉图（Plato）的洞穴的隐喻以及它所允许的对于实在（reality）的含混反思，我们也能作出类似的评注。人们从哲学讨论中保留的东西，经常就是这样的故事、生动的隐喻、例子和反例。对于哲学笑话（philosophical jokes）也是如此。

最终，即便在没有太多的支持性语境或论证的情况下，这些故事和笑话也具有这样一个特点：任何更加充分的讨论或理论都必须接纳和说明它们。它们提供了任何合理的哲学理论必须理解的部分原材料，因此应该是所有充满好奇心的人们的智识齿轮的一个部件。

维特根斯坦和卡罗尔

让我考虑两对不可能的搭档：第一对，维特根斯坦和刘易斯·卡罗尔（Lewis Carroll）；第二对，伯特兰·罗素（Bertrand Russell）和格劳乔·马克斯（Groucho Marx）。在我先前的书《数学与幽默》（*Mathematics and Humor*）中，我已经对第一对搭档进行了比较，这一节便取自于那本书。然而，在本书中，我对这个比较，以及对在《数学与幽默》中给出的一些要点做了些扩展。

在“维特根斯坦、胡言乱语和刘易斯·卡罗尔”中，乔治·皮彻（George Pitcher）已经论及维特根斯坦的哲学著作和卡罗尔（查尔斯·

勒特威奇·道奇森)* 的著作之间一些惊人的相似性。他们两人都关心胡言乱语、逻辑混乱和语言难题，虽然正如皮彻注意到的，维特根斯坦被这些东西所折磨，而卡罗尔则(至少在表面上)对此津津乐道。[在后一方面，这两个人之间的关系，类似于克尔恺郭尔(Soren Kierkegaard)和伍迪·艾伦(Woody Allen)之间的关系。]皮彻引用了《爱丽丝漫游奇境》(*Alice's Adventures in Wonderland*)和《爱丽丝镜中奇遇记》(*Through the Looking Glass*)中的许多段落，认为它们例证了维特根斯坦在对先前提到的哲学笑话进行评注时他头脑里大概想到的东西。

下面是从刘易斯·卡罗尔的作品里摘录下来的一些有代表性的片段，它们跟维特根斯坦在其著作中考虑过的问题是有关联的：

1. 她[爱丽丝]吃了一点儿，焦虑地对自己说："哪种方式？哪种方式？"她把手放在头顶上，以便感到她正在以哪种方式长大，但是她非常惊奇地发现，她还是像过去一样大。(《爱丽丝漫游奇境》)

2. "背得不对，"毛毛虫说。"不**太**对，是吧？"爱丽丝胆怯地说，"一些词已经改变了。"

"简直从头到尾都是错的，"毛毛虫肯定地说，几分钟内他们之间一片沉寂。(《爱丽丝漫游奇境》)

3. "那么你应该说你想要说的东西，"野兔继续说。

---

* 刘易斯·卡罗尔(1832—1898)是笔名，他的真名叫查尔斯·勒特威奇·道奇森(Charles Lutwidge Dodgson)，曾任英国牛津大学基督堂学院数学教师。作为一名文学家，他的声望主要是建立在《爱丽丝漫游奇境》(1865 年)及其续集《爱丽丝镜中奇遇记》(1871 年)这两部童话上。——译者

"没错,"爱丽丝赶忙回答,"至少——至少我指的是我说的东西——这是一回事,你知道。"

"不像是同一回事!"帽子商回答说。"如果是那样的话,你也可以说'我看见我吃的东西'和'我吃我看见的东西'是同一回事了!"(《爱丽丝漫游奇境》)

4."请对我好一些嘛,"爱丽丝向前跑了一会儿之后气喘吁吁地说,"停一分钟让人喘息一下好吗?"

"我够**好**的了,"国王说,"只是我不够强壮。你看,一分钟就这样可怕地飞驰而过。你想停止一个想象中的猛兽不成!"(《爱丽丝镜中奇遇记》)

5."真是好果酱,"王后说。

"唔,但是不管怎样我今天(to-*day*)不想吃任何果酱。"

"如果你**确实**想要它,你也吃不到它,"王后说,"这里的规则是明天(to-morrow)拥挤,昨天(yesterday)拥挤,但是绝不是今天拥挤。"

"有时候**必定**是'今天拥挤',"爱丽丝反驳说。

"不,不可能,"王后说。"每一个**其他的**日子拥挤,今天不是任何**其他的**日子,你知道。"

"我无法理解你说的话,"爱丽丝说,"这太令人困惑了。"(《爱丽丝镜中奇遇记》)*

这些例子有什么共同之处呢？ 它们都显示了关于某些概念的逻

* 在英文中,"果酱"和"拥挤"是同一个词"jam"。这里卡罗尔利用了词的多义性,因此有了上述对话。——译者

辑混乱。一个人用不着把自己的手放在头顶上，才可断明他是在长高还是在变矮(除非只是一个人的脖子正在生长)。一个人也不可能“从头到尾”不正确地背诵一首诗，因为若是那样的话甚至就不能说他是在背诵那首诗。[维特根斯坦极其关心把同一性(identity)和相似性(similarity)确立起来的标准。]在第三段引文的语境中，帽子商是在预设意义(meaning)和言语(saying)两种完全独立的活动。维特根斯坦已经表明，这是一个导致了众多误解的假定。接下来的一段把“分钟”这个词的语法与“列车”这样一个词的语法混淆起来了；最后一段表明，尽管存在着一些相似性，可“今天”这个词并不充当来指示一个日期。后面这两个要点也为维特根斯坦所讨论。

维特根斯坦解释道：“当日常语言中的词有表面上相似的语法时，我们总是力图以相似的方式来解释它们；即，我们努力使得这个类比彻底成立。”这样，我们“误解了……我们的表达式的语法，就像在苍蝇瓶中的苍蝇一样，我们有时候需要被清楚地指明道路”(维特根斯坦)。正如我已经提到的，这些语言误解可以是快乐的源泉，也可以是痛苦的源泉，这取决于一个人的个性、气质或意图。比如说，维特根斯坦被这个事实所折磨：一个人并不说他鞋疼，即使他或许说他脚疼，而脚是套在鞋中的。要是卡罗尔已经思考过这个问题，他大概就会写道：鞋是如此疼痛，它们非得去医院看看不可。

格劳乔碰见罗素

就像维特根斯坦和卡罗尔同样痴迷于语言和胡言乱语一样，伯特兰·罗素和格劳乔·马克斯都关心自我指称(self-reference)的概念。而且，罗素的理论怀疑论(theoretical skepticism)与格劳乔那种懂得求生的烙印形成对比，正如罗素的贵族化的无政府主义趋势与格劳乔的更加出自于本能的无政府主义感情形成对比。在这二者之间如下的对话中，我试图阐明这些要点。这个对话中提到的一些论题，在后面几章中会得到更充分的讨论。

格劳乔·马克斯[*]和伯特兰·罗素：伟大的喜剧演员和著名的数学家—哲学家，二者都以他们自己的方式被自我指称之谜深深地吸引住了，要是他们俩碰面，相互间会说些什么呢？为增添一些荒谬色彩，假设他们是在曼哈顿中心的一幢大楼的第十三个元层次(metalevel)上碰到一起。

格劳乔：这确实是一个引人注目的发展。罗素勋爵，你的傻段论(sillygisms)[**]怎么让我们逃出这个困境？（低声嘀咕道：在这里对一个勋爵大声说话让我颤抖，因为我认为我是在接受一些高等教育。）

罗素：电力(electrical power)看来出了一些问题。以前已经发生过几次了，每次证明都万事大吉。如果科学归纳(scientific induction)是对未来的指导，我们无须等待太久。

格劳乔：归纳，扯皮的归纳(schminduction)，更不要提胡说八道了。

---

* 格劳乔·马克斯(1890—1977)，是电影喜剧演员小组“马克斯兄弟”中的老三。——译者

** 这是作者模仿“syllogism”(三段论)这个词生造出来的一个词，这个词源自于希腊语 sullogismos。在《前分析篇》中，亚里士多德写道，“三段论是一种论证形式，其中，某些论断只要被确定，另一个不同于它们的论断就可以必然地从如此确定的论断中被推导出来。”这里，由于“silly”有“愚蠢的，无聊的”含义，我们姑且把 sillygisms 这个生造出来的词翻译为“傻段论”。——译者

罗素：这里你得出了一个有益的论点，马克斯先生。正如大卫·休谟（David Hume）在200年前表明的，使用归纳推理原则(inductive principle of inference)的使用的唯一保证，便是归纳原则本身，一件明显循环的事情(circular affair)，实际上不是很可靠。

格劳乔：循环的事情决不是可靠的。我告诉过你我的弟弟、弟媳和乔治·芬尼曼(George Fenniman)的事吗？

罗素：我相信你还没有告诉我，虽然我怀疑你大概不是在说同一种圆。

格劳乔：你是对的，勋爵。我是在谈论一个三角关系，并且不是一个可爱的（cute）三角关系，而是一个愚笨（obtuse）、可憎的(obscene)三角关系。*

罗素：唔，马克斯先生，对这种事我也略知一二。你不妨回想一下，关于我1940年在纽约市立学院的任命这件事，那会儿舆论哗然。他们反对我在性(sex)和自由恋爱(free love)上的观点。

格劳乔：他们因此想要给予你这个席位？

罗素：屈从于强烈的压力，权威人士撤回了他们的提议，结果我没有入职。

格劳乔：哦，不要对此感到担忧。我一定不想加入愿意让我成为一个成员的任何组织。

罗素：这是一个悖论(paradox)。

格劳乔：不错，戈德堡(Goldberg)和鲁宾(Rubin)，很了解布朗克斯(Bronx)的一对医生(a pair o'docs)。

---

* 在上文中，罗素说归纳推理涉及循环，因此归纳推理的使用是一个循环的事情。与罗素对“圆”(circle)的使用相对比，格劳乔使用了“三角形”(triangle)这个概念，所以引出了他对三角恋爱关系的谈论。——译者

罗素：我指的是我的集合论悖论(sets paradox)。

格劳乔：喔，你说的是那对研究性学的医生两口子(sex pair o'docs)，马斯特斯(Masters)和约翰逊(Johnson)。* 你这样的大哲学家居然也会有这种问题，真是怪极了。

罗素：我刚才说的是不包含自身作为成员的所有集合的集合 M。如果 M 是它自身的一个成员，那么它不应该是；如果 M 不是它自身的一个成员，那么它应该是。

格劳乔：真是繁琐死了，尽管这种破烂话已经够多了。(停下来听听。)嘿，它们正在大梁上敲打一个信息。某种密码(code)，伯蒂**。

罗素：(格格一笑)也许，马克斯先生，我们应该把在这个大梁上敲打的密码(girder code)称为一个哥德尔编码(Gödel code)，以纪念杰出的奥地利逻辑学家库尔特·哥德尔(Kurt Gödel)***。

格劳乔：你爱怎么做就怎么做吧。谁猜出这个密码，谁就赢 100 美元。

罗素：我将试图破译它。(他专心地听听这个敲打声。)它说"这个信息是……这个信息是……"

格劳乔：赶紧解开这些哥德尔编码吧，伯蒂宝贝，停……停……停止结……结……结结巴巴。整个电梯井都要开始震动了。赶紧把我弄出这个可笑的柱状物。

罗素：这个敲打正在引起大梁发生共振(resonate)。"这个信

---

* pair o'docs 与 paradox 谐音，sex pair o'docs 与 sets paradox 谐音。马斯特斯(1915—2001)和约翰逊(1925—)为人类性学领域研究的先驱。——译者

** 伯蒂(Betty)是伯特兰(Bertrand)的昵称。——译者

*** 参阅《逻辑人生：哥德尔传》，约翰·卡斯蒂、维尔纳·德波利著，刘晓力、叶闯译，上海科技教育出版社 2008 年 4 月出版。——译者

息是……

一声响亮的爆炸。

电梯抽风般地上下窜动。

罗素：“……是假的。这个信息是假的。”这部电梯和这个陈述都缺乏根据。如果这个信息是真的(true)，那么按照它所说的东西，它必定是假的(false)。另一方面，如果它是假的，那么它所说的东西必定是真的。恐怕这个信息已经违反了这个逻辑屏障(logic barrier)。

格劳乔：不必对此感到害怕。我一生都在做这件事。它造成了一些上下起伏，反之亦然。但是正如我弟弟哈波(Harpo)不厌其烦地唠叨的：为什么是一个宝贝儿呢？

第二章　逻辑

要么—要么

除了无矛盾律（law of noncontradiction）和排中律（law of the excluded middle）外，没有更基本的逻辑原则了，因此逻辑研究最好是开始于这两个定律。无矛盾律说道："*A* 和非 *A*，并非如此"——或者，用亚里士多德（Aristotle）的话说："同一个属性不能同时以及在同一个方面既属于又不属于同一个主体。"排中律说道："要么 *A*，要么非 *A*"——或者，用一个特定实例来陈述这个原理："要么维特根斯坦有一头红发，要么他没有。"［如果我们用符号"～"代表"非"（not），"∧"代表"与"（and），"∨"代表"或"（or），括号"（ ）"指出在它们之间的陈述要被看作一个整体，那么排中律能够被表示为 $A \vee \sim A$，无矛盾律能够被表示为$\sim(A \wedge \sim A)$。］

然而，若不批判性地加以使用，甚至像这样基本的原则也能够引起问题，比如说，考虑排中律。下面是对这个原则的三个运用：第一个无懈可击，模模糊糊有些幽默感；第二个既令人困惑又容易使人误解；第三个是直截了当的，仅对少数人例外。

第一个是利奥·罗斯滕（Leo Rosten 1968）讲述的一个故事，说的是一个著名的犹太籍学者和逻辑学家。这个学者聪明绝顶，他能把不管多么复杂的情形都分析出来。不过，他的学生想知道他的推理能力（reasoning power）是否经受得住一次宴饮的考验。于是，这些彬彬有礼而又好奇的学生在一次宴会中诱使他喝了好多酒，让他烂醉如泥。在他昏昏欲睡之时，这些学生把他抬到墓地，放到后面有块墓碑的地上。然后他们藏了起来，等着他对这个情形的分析。

当他醒来时，他们印象最深的是他对排中律的塔木德（Talmudic*）式的运用："要么我活着，要么我死了。如果我仍然活着，那么我在这里做什么呢？如果我死了，那么为什么我想上厕所呢？"

第二个例子涉及未来的事件。我在下周二将做某件事，比如说从一匹马上掉下来，如果这在现在是真的，那么，不管我如何抵制这样做，不管我采取什么防范措施，当下周二来临之时，我将从一匹马上掉下来。另一方面，如果下周二我将从一匹马上掉下来现在是假的，那么不管我怎样努力这样做，不管我怎样不计后果地骑马，那天我也不会从一匹马上掉下来。然而，这个预言（prediction）要么是真的要么是假的是一个必然真理（necessary truth）——排中律。由此我们似乎能够推出，下周二将发生的事情是确定的。其实，不只是下周二，整个未来都以某种方式被决定了——在逻辑上被预先决定了。

上述例子的问题并不在于排中律，而在于这种形式的陈述——"某个指定的事件将发生，这在现在是真的。"——所蕴含的意义或

* Talmud，《塔木德经》，为犹太法典。——译者

者无意义(meaninglessness)。

饶有趣味的是，一小部分数学家否认排中律是一个逻辑定律。他们反对这样的陈述，比如说，“要么在 π 的小数扩展的某处存在着一串八个连续的5，要么不存在。”由于对这串5的存在(existence)，缺乏一个构造性的证明，对于它的不存在(nonexistence)也缺乏一个构造性的证明，直觉主义者(intuitionists)和构造论者(constructivists)并不认为对排中律的以上第三个运用亦即最通常的运用是有效的。对他们来说，某个命题是否为真取决于其是否能构造出对它的一个证明。

由于各种各样的理由，一些量子物理学家也拒斥了排中律在某些语境(contexts)中的可适用性(applicability)。其实，自从卢卡西维茨(J. Lukasiewicz，20世纪20年代一位有影响的波兰逻辑学家)开创了三值逻辑(three-valued logics)——真、假、不确定(undetermined，或indeterminate，intermediate)——的形式研究以来，已经激起了一些持续不懈(虽然也有限)的兴趣。在更蒙昧的时代，接受排中律的古典逻辑学家有时用如下说法来嘲弄不接受排中律的逻辑学家：“你听说过那位波兰逻辑学家吗？他认为有三个真值。”

这些故事的教训是这样的：甚至这样一个基本的逻辑原则也能够被误用，能够成为争论的题材。逻辑是我们拥有的最重要的理论工具，但是像所有其他工具一样，人们必须知道如何以及何时使用它。我们想要避免那个众所周知的印第安人部落的悲哀命运，他们在箭的理论性质上是专家，但是每当他们发现一只熊在西北面时，他们同时向北和向西放箭；当他们发现一只熊在他们的北东北方向时，他们向北放两支箭，向东放一支箭。

“如果我有一匹马，我就会用马鞭抽你!”

——格劳乔·马克斯

条件陈述(conditional statements)可以是错综复杂的，甚至像下面这样直截了当的陈述也是如此。

＊：“如果乔治(George)饿了，那么玛莎(Martha)也饿了。”很清楚，如果＊是真的，乔治饿了，那么玛莎也饿了。同样清楚的是，如果乔治饿了，玛莎并不饿，那么＊是假的。但是如果玛莎饿了，乔治是否饿了不得而知，那又怎样呢？在几乎所有数学(以及许多逻辑)语境中，人们约定说，在这种情形中＊是真的。如果乔治不饿，玛莎是否饿了不得而知，那又怎样呢？在这种情形中，在数学和逻辑中最有用的约定是，＊是真的。

总结：在数学、逻辑以及许多日常语境中，对于具有这种形式——“如果 P，那么 Q”或“P 蕴涵 Q”，或者用符号表示“$P \to Q$”——的任何语句来说，(1)每当 Q 是真的，不管 P 是否是真的时，它是真的；(2)每当 P 是假的，不管 Q 是否是真的时，它是真的；(3)只有当 P 是真的，Q 是假的时，它才是假的。

下列两个故事是相关的，而且说明问题：

伯特兰·罗素在讨论以上这类条件陈述时认为，一个假的陈述蕴涵任何东西(anything)和每个东西(everything)。一位怀疑论的哲学家质问他:“你指的是如果2+2=5,那么你就是教皇吗?”罗素肯定地回答,并且提供了下列有趣的“证明”:

“如果我们是在假设2+2=5,那么你一定同意从这个等式的每边减去2,就可得到2=3。颠倒顺序,我们得到3=2,再从这个等式的每边减去1,我们得到2=1。因此,由于教皇和我是两个人,而2=1,那么教皇和我是一个人。所以我就是教皇。”

逻辑学家:这样你看到,任何东西来自于一个假的陈述。

学生:恐怕我还没有搞清楚。

逻辑学家:这太简单了。你确信你还不理解吗?

学生:所有我确信的是,如果我理解了这件事,那么我就是一只猴子的叔叔。

逻辑学家:这里你是对的。(笑)

学生:你笑什么?

逻辑学家:你不会明白。

学生:不管怎样,博士,如果你有兴趣,我们今晚在举办一个晚会。

逻辑学家:如果我没兴趣呢?

学生:什么?

逻辑学家:不管怎样,谢谢你,但是我太忙。

我们不难发现对如果—那么陈述(if-then statements)的上述分析

并不适用的非数学语境。下列两个陈述都是假的，即使它们的条件从句是假的：

(1) 如果一个人把那只钉子放入那杯水中，它就会融化。

(2) 如果哈波·马克斯(Harpo Marx)在马克斯兄弟的任何电影中说了话，第二次世界大战就不会发生了。

这种条件句称为虚拟条件句和反事实条件句，它们的真值(truth)，不像在数学条件句“如果 P，那么 Q”的情形中，只是依赖于 P 和 Q 的真或假。相反，它们的真值取决于在 P 和 Q 之间或许存在或许不存在的似定律关系(lawlike relationship)。

还有，在逻辑和数学领域之外，数学条件句也有许多用法。如果某个人说：“如果天在下雨，我就要揍你；如果天不在下雨，我就要揍你。”那么你可以确信那个人是在使用数学条件句，他想要揍你。

跟你的生活打赌

想象一位非常富有的超级科学家，他声称有能力格外精确地预言一个人将在两个可能的抉择中选择哪一个。进一步，想象这位科学家(我们姑且把他称为 Dr. Who——胡博士)在中西部某处一个盛大的世界博览会上设了一个摊位，以便演示他的能力。胡博士向人们解释说，他通过使用两个盒子来检验人们：盒子 A 是透明的，装着 1000 美元，而盒子 B 是不透明的，要么空空如也，要么装着 1 000 000 美元。胡博士告诉每个人，他或她可以选择只是拿走盒子 B 的内容，或者盒子 A 和盒子 B 的内容。然而，重要的是，如果在这个人进行选择之前，胡博士相信他或她将拿走两个盒子的内容，那么他让盒子B是空的。另一方面，如果在这个人进行选择之前，胡博士相信他或她将只是拿走盒子B的内容，他把1 000 000美元放进盒子B里。目击者随后可以证实这1 000 000美元是否已经被放进盒子B里。

乔治和玛莎在世界博览会上，他们自己看到当一个人选择来拿走两个盒子的内容时，95%的时候盒子B是空的，这个人只是得到盒子A中的1000美元。他们还注意到，当一个人只是选择来拿走盒子B的内容时，95%的时候它装着1 000 000美元，使得这个人顿时成为百万富翁。

现在轮到玛莎了。胡博士仔细地对她进行检查，准备盒子，把盒子放到她面前，然后站到乔治那里去。由于这些演示留下的深刻印象，玛莎只选择了盒子B的内容，希望胡博士精确地评价她的精神状态(state of mind)。

接着轮到乔治。胡博士仔细地检查了他，准备盒子，把盒子放到他面前，站到下一个人那儿去。乔治推断说，既然胡博士已经离开，既然这1 000 000美元要么已经被放到盒子B中要么还没有，他选择两个盒子的内容，从而确保他至少会有1000美元，可能的话会有1 001 000美元。

终于轮到你了。胡博士已经检查了你。你将作出什么选择呢？(把你进行选择的权利卖给其他某个人赚500 000美元是在诈骗。)对这个悖论[应归于物理学家威廉·纽科姆(William Newcombe)，而又是哲学家罗伯特·诺齐克(Robert Nozick)使它变得出名]的反应，与人们看待自由意志(free will)、决定论(determinism)和金钱(money)的态度密切相关。

另一个更出名的关于选择和“高级能力”(higher powers)的故事应归于布莱兹·帕斯卡(Blaise Pascal)，他对成为一个基督徒的论证采取了一个打赌的形式。按照帕斯卡(1966)的推断，如果一个人选择相信基督教学说，那么倘若这个学说是假的，这个人将一无所失——但如果它是真的，这个人在天堂中就得到了一个永恒的生命。另一方面，如果一个人选择不相信基督教学说，那么倘若这个学说是假的，这个人将一无所失——但如果它是真的，这个人就得忍受地狱中无情的惩罚。只有当一个人已经相信基督教学说，正如帕斯卡所推断的那样，这个论证才有说服力(persuasive power)。当然，这个论证与基督教毫无关系，可以被任何其他宗教(或邪教)用来合理化其他已经存在的信仰(already-existing beliefs)。

每个人都会同意，“*A* 是假的，”“*B* 是假的，”“*C* 是假的，”以及“*A*, *B*, 或 *C* 中的一个是真的，”合在一起则是一组不一致的陈述。但是考虑一种彩票有 1 000 000 个参与者，包括你：你不相信第 1 张彩票会赢，也不相信第 2 张彩票会赢，也不相信第 3 张彩票会赢，……也不相信第 1 000 000 张彩票会赢；不过，你的确相信**某一张**彩票会赢。

对于你对自己在报纸上读到的新闻的态度，我们也可以讲一个类似的故事。除非你对一个故事有第一手的知识，你一般会相信你在报纸上读到每个个别条目；不过，你也相信某些(许多)条目是假的。对这种表面上的不一致性(seeming inconsistency)的理解，是促使名人对轰动的小报进行诉讼的原因。

从这里得到进入100万美元彩票的奖票。一张票十分，三张票两角五，五张票一元钱。买得越多，中百万美元大奖的机会越高——一年一块钱，买它100万年。

傻段论

人们低估了游戏(play)进入任何严肃的智识努力中的程度。在这种努力中通过假设分析获得一点乐趣，可以把一个人从单调乏味的目标定向活动的羁绊中解脱出来，有时候还会导致要不然就得不到的新见识。(如果不是这样，还会导致什么东西呢?)这种智识游戏(intellectual play)的传统非常古老。甚至柏拉图为其对话的参与者构造愚蠢的“论证”也算不上是首开先河。在《欧绪德谟篇》(*Euthydemus*)中，一个众所周知的例子是迪奥尼苏德鲁(Dionysodorus)和克迪斯普(Ctessipus)之间的交谈：

迪奥尼苏德鲁：你说你有一条狗?

克迪斯普：不错，一个小淘气。

迪奥尼苏德鲁：他(he)有几条小狗。

克迪斯普：是的，他们非常像他自己。

迪奥尼苏德鲁：这条狗是他们的爸爸。

克迪斯普：不错，我确实看见他和这些小狗的妈妈在一起。

迪奥尼苏德鲁：他不是你的。

克迪斯普：哎呀，他是。

迪奥尼苏德鲁：那么他是一个爸爸，他是你的；因此，他是你爸爸，这些小狗是你兄弟。

这个论证看上去很愚蠢，但是它与下面这个论证似乎有着同样无可非议的语法形式：菲多是一条狗。菲多是你的。因此，菲多是你的狗。

一个具有不同风格的论证应归于雷蒙德·斯穆里安（Raymond Smullyan），他多少（some）是一位逻辑学家吧。

一些(some)汽车发出尖叫声。

我的汽车确实是某辆(some)汽车。

所以，不奇怪，我的汽车发出尖叫声。

回到狗，为什么下列论证一个有效、另一个无效呢？

狗(a dog)需要水来保存生命。

因此我的狗银杯杯(Linocera)需要水来保存生命。

一条狗(a dog)在后院狂叫。

因此我的狗金钩钩(Ginger)在后院狂叫。

也许令人惊奇的是，下列两个论证都是有效的。

每个人爱一个情人。

乔治不爱他自己。

因此，乔治不爱玛莎。

要么每个人是情人，要么某些人不是情人。

如果每个人是情人，沃尔多(Waldo)一定是个情人。

如果每个人不是一个情人，那么至少有一个非情人。把她称为默特尔(Myrtle)。

因此，如果默特尔是一个情人，每个人也是。

第一个论证的有效性取决于两个事实：(1)如果一个人爱任何人，包括他自己，那么那个人是个情人；(2)只有当"如果非 Q，那么非 P"是真的时，"如果 P，那么 Q"才是真的。第二个论证的有效性取决于使得"如果 P，那么 Q"为真的条件。

36 英寸 = 1 码

所以 9 英寸 = 1/4 码

所以 $\sqrt{9\text{ 英寸}} = \sqrt{1/4\text{ 码}}$

所以 3 英寸 = 1/2 码

温度是 93 华氏度。

今天下午温度将上升。

因此今天下午 93 华氏度将上升。

某些陈述涉及"所有"(all)、"一些"(some)以及"非"(not)之类的逻辑常量(logical constants),对这些陈述的大多数日常的处理直观上是清楚的。"每个人是秃的"(用符号表示:$\forall xB(x)$——对所有 x 而言,x 是秃的)的否定,不是"没有一个人是秃的",而是"某个人不是秃的"(用符号表示:$\exists x\sim B(x)$——存在一个 x,以致 x 不是秃的),或者用句更长的话:"每个人是秃的,并非如此。"

不过,有时候这些逻辑常量的含义不是那么清楚。假若我们仔细审视"你总是能够愚弄一些人"这句话,我们就会发现它是模棱两可的:它有两个对立的解释。它可以意味着存在一些容易受骗的乡巴佬,比如说乔治和玛莎,他们每周七天都受到欺骗;它也可以意味着在你选择的任何一天,你总是能够愚弄一些人——比如说,乔治在星期一,玛莎和沃尔多在星期二,沃尔多和默特尔在星期三,等等。用 $P(x)$代表"x 是一个人",$T(y)$代表"y 是一个时间",$F(x, y)$代表"你可以在 y 愚弄 x",那么第一个解释用符号表示即 $\exists x\forall y(P(x)\wedge T(y)\rightarrow F(x, y))$,第二个解释则是 $\exists y\forall x(P(x)\wedge T(y)\rightarrow F(x, y))$。

一个通常不太使用的逻辑词也有类似的模糊性(ambiguities),这个词便是"大多数"(most):

*:"那里的大多数人读过所讨论的大多数书。"

*是意味着那里一半以上的人读过所讨论的一半以上的书,还是意味着所讨论的一半以上的书已经被那里一半以上的人读过?如果我们假设那里只有三个人,只有三本书被讨论,那么我们就可以看出这些解释的差别。第一个解释对应于图 1,第二个解释对应于图 2。

图 1

图 2

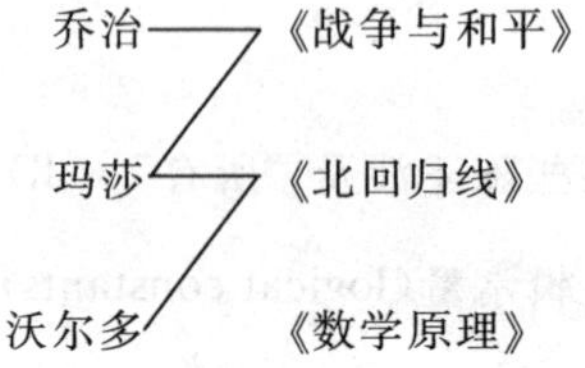

甚至这个简单的逻辑词“是”(is)，也许**尤其是**这个词“是”，在日常的语境中也可以有相当不同的解释。考虑下列四个陈述：

(1) 乔治是凯利亚克波罗斯先生。(George is Mr. Kyriacopoulos.)

(2) 乔治是焦虑的。(George is anxious.)

(3) 人是焦虑的。(Man is anxious.)

(4) 这里有一个焦虑的人。(There is an anxious man here.)

第一个“是”是同一性(identity)的“是”：$g=k$。第二个“是”是断言(predication)的“是”：$A(g)$—g 有性质 A。第三个“是”是隶属关系(membership)的“是”：$\forall x[M(x)\rightarrow A(x)]$。第四个“是”指示存在(existential)：$\exists x\, M(x)$。

奇怪的是，逻辑敏锐度(logical acuity)非但不帮助人们澄清陈述，却经常揭示了隐含在陈述中的模糊性。即是说，这种敏锐度没能引导人们形成更多的结论，反倒使我们明白，几乎没有几个结论具有合理的根据。伯特兰·罗素曾经观察到(1956)，一个人的逻辑演绎感越敏锐，就越难作出艰难快速的推理。

然而，这只是对演绎推理(deductive inferences)才适用。大多数“常识”推理(“common sense” inferences)并不取决于明确表述的知识或者任何精确的规则，而是取决于一种难以描述的隐含的(tacit)自然过程。这样，由于已经习惯于清楚表述的原理和严格解释的规则，数学家们有时反而对“常识”有困难，并经常产生一种由对术语和短语的过度字面解释刻画出来的幽默感。

防务部长：是可忍孰不可忍！我洗手不干了。

萤火虫(格劳乔)：好主意。你可以连脖子一块儿洗了。

乔治：在哪两个运动中对峙出现？

沃尔多：冰曲棍球和……我放弃。另一个运动是什么？

乔治：麻风病患者的拳击。

禁止泊车的标志经常指出“违者将被拖走”，但是我从未见到过一辆拖车把一个人拖在街上走。垃圾桶上警告说“把垃圾就位”，如果我们要在字面上(字面上?)来解释也挺有意思：如果某个东西是垃圾，按照定义，就位似乎就是地面。

最后，考虑这个最终的傻段论，它引入下一节的论题：

这个论证是狗屎。

没有任何是狗屎的东西是马屁。

每个有效的东西是马屁。

因此,这个论证不是有效的。

然而，它是有效的。

本节标提包含三个挫*

对自我指称的陈述(self-referential statements)的研究，可以追溯到公元前4—5世纪的斯多亚学派逻辑学家(Stoic logicians)。这种类型的最古老最为人所知的悖论与埃庇米尼得斯(Epimenides)这个克里特岛人有关："所有克里特岛人都是说谎者。"如果我们把他的陈述简化为"我在说谎"，或更好地表述为"这个语句是假的"，那么，这个所谓的说谎者悖论(liar paradox)的症结就比较清楚了。[侯世达(Douglas Hofstadter)写过一个更新的版本，即尼克松尼德(Nixonides)这个呆小病者的版本，后者在1974年指出："这个句子是无效的(inoperative)。"(侯世达)]

让我们把"这个语句是假的"标记为 Q。现在我们注意到，如果 Q 是真的，那么通过它所说的东西必定是假的。另一方面，如果 Q 是假的，那么它所说的东西是真的，这样 Q 必定是真的。因此，Q 是真的，当且仅当它是假的。

陈述 Q 和它的变种与逻辑和哲学中某些最深刻最重要的思想密切相关，而且甚至可能也与意识(consciousness)本身密切相关。尽管如此，大多数人对它们嗤之以鼻，认为它们是无聊的游戏，只有自找

* 本节标题原文是 "The Titl of This Section Contains Three Erors"，其中确有三个错，为了体现原文所要传达的思想，译文亦如法炮制。——译者

其乐的逻辑学家和其他废物(useless people)才对它们感兴趣。我必须承认，在星期二，我的感觉就是这样，由于当天是星期二，我将举例说明与 Q 具有亲密关系的一个东西怎么可以被用来证明上帝存在。考虑下面的盒子，它包含两个句子：

1. 上帝存在。 2. 这两个句子都是假的。

第二个句子要么是真的要么是假的。如果它是真的，那么这两个句子都是假的。尤其是，第二个句子是假的；但第二个句子能够为假的唯一方式，是第一个句子为真。因此，在这种情形中，上帝存在。另一方面，如果我们直接假设第二个句子是假的，那么我们又必须注意到，它要是真的唯一方式是第一个句子为真。因此，在这种情形中，上帝也存在。因此，上帝存在。

当然，以类似的方式我们可以证明上帝生有甲刺(hangnail)，或者他并不存在，或者维特根斯坦与梅·韦斯特(Mae West)陷入爱河。

通过以下陈述，我们可以引出一个相关的把戏：

*：“如果这个陈述是真的，那么上帝存在。”如果 * 是真的，那么它是真的。另一方面，如果 * 是假的，那么 * 的前件(antecedent)(这个“如果”从句)是假的，而这保证了 * 本身是真的。(记住，如果它的前提是假的，则“如果—那么”形式的条件陈述是真的。)因此，在这两种情形中，* 都是真的。因此 * 是真的，因此 * 的前件也是真的。这两个事实合起来保证了这个陈述的后件(consequent)(即 * 的“那么”从句)是真的，所以上帝存在。

如果情况合适的话，甚至几个非悖论的陈述（nonparadoxical statements）组合起来可以产生一个悖论。如果苏格拉底（Socrates）说“柏拉图刚才说的是假的”，那么这个说法通常不会有什么古怪的地方。但是，如果柏拉图先前说“苏格拉底接下来说的是真的”，那么我们就会有一个悖论。

关于智者派哲学家（Sophist philosopher）普罗泰戈拉（Protagoras）有一个古老的故事。普罗泰戈拉已经同意教尤阿瑟鲁（Euathlus）学习修辞学以便后者能够当律师。尤阿瑟鲁接着说，只有当他赢了第一场官司之后他才同意给普罗泰戈拉付学费。然而，在他受训完成后，尤阿瑟鲁选择不当律师，所以普罗泰戈拉就这笔费用起诉他。普罗泰戈拉认为，不管怎样他应该得到报酬。他论证说：如果他赢了这场官司，按照法庭的决议他应该被支付；而如果他输了，按照他与尤阿瑟鲁签定的协议条款，他应该得到报酬。尤阿瑟鲁在跟随普罗泰戈拉学习时已经学到了一些诡辩技巧，所以他认为，不管怎样他不应该付钱。他论证说：如果他赢了这场官司，按照法庭的决议他不应该付钱；而如果他输了，按照他与普罗泰戈拉签定的协议条款，他也不应该付钱。

早餐场景

高大健壮、头发缠满卷发器、裹着破旧睡衣的女人，走到她那瘦骨嶙峋、只穿着裤衩的秃头丈夫面前：“我要你独占我，让我感到像个真正的女人。”

就像上一个故事可能暗示的那样，在这些悖论和某些“进退两难”的处境之间存在着密切联系。“要有自发性”这个命令，就像“不管你做什么，不要让浓浓黄芥末酱覆盖红的甜西瓜的意象进入你的头脑”这个指令，是另一个简单的例子。不幸的(或者幸运的)是，大多数要求这种矛盾行为的境况比较复杂，也伪装得更好。事实上伪装得如此之好，以至于大多数人，尤其是那些把自我指称悖论视为儿戏的人，并未意识到这些境况在他们的生活中其实无处不在。境况、事件和对话经常如此错综复杂地交织在一起，这样一来，这些交流的某个方面要对它自己“说”那不是真的，就不是不同寻常的了。

考虑一下讲笑话这个行为。W·F·福赖伊(W. F. Fry)和格雷戈里·贝特森(Gregory Bateson)已经表明，当某个人讲一个笑话时，通常会有某种类型的行为暗示(behavioral cue)——一个不同的声音变形，一簇扬起的眉毛或使个眼色，用方言土语说话，还有一个假装严肃的腔调，甚至“你已经听说过……”这个明确的语句。这些暗示，或者元暗示(metacues)，对正在被谈论的东西施加了限制，并充当了一种非言语性的(nonverbal)说谎者悖论。它们实际上说的是：“这整件事全是假的、不真实的，不要拿它当真，它只是在开玩笑。”所有戏剧表演，甚至所有艺术，其实都有这两个方面：内容和场景，后者使之区分于非艺术，并对它自己说：“这不是一种日常交流。这是不真实的。”

一个人在头上举着一条小树枝，微笑着对一位银行出纳员说：

"这是在抢劫。"*

罗素的戈德堡先生和鲁宾先生

考虑有这么一个国家，它的法律允许不住在任所的市长——这就是说，一些市长生活在他们管辖的城市，而另一些市长不是这样。一个有改革头脑的独裁者掌权了，他命令所有不住在任所的市长，而且只是不住在任所的市长，住在某个地方。让我们把这个地方称为城市 C。城市 C 现在需要一位市长，那么这位市长将住在哪里呢？

这个故事不仅是罗素悖论(Russell's paradox)的普及化，而且它的推导也与罗素悖论的推导相似。我们首先注意到，一些集合把它们自己包含为成员。在这页中被提到的所有东西的集合在这页中被提到，因此包含了它自己。同样地，具有多于7个成员的所有集合的集合本身包含的也较7个成员为多，因此本身是它的一个成员。最自然地产生的集合，并不把它们自己包含为成员。在我头上的头发的集合本身不是我头上的一根头发，因此不是它自己的一个成员。同理，奇数的集合本身不是一个奇数，因此并不包含它自己作为一个成员。

把所有集合的集合划分成为两个不重叠的集合，让我们用 M 指代那些的确包含它们自己作为成员的集合的集合，用 N 指代那些不包含它们自己作为成员的集合的集合。换句话说，对任何集合 x，如果 x 是 M 的一个成员，那么 x 是它自己的一个成员；如果 x 是它自己的一个成员，那么 x 是 M 的一个成员。另一方面，对任何集合

* 此句原文是"This is a stick-up"。这里的"stick-up"是抢劫的意思。而"stick"一词有树枝、条状物、强迫等多个含义。——译者

x，如果 x 是 N 的一个成员，那么 x 不是它自己的一个成员；如果 x 不是它自己的一个成员，那么 x 是 N 的一个成员。

现在我们可以问：N 是不是它自己的一个成员。（这个问题可以跟"城市 C 的市长将住在哪里呢？"相比较）如果 N 是它自己的一个成员，那么据 N 的定义，N 不是它自己的一个成员。但如果 N 不是它自己的一个成员，那么据 N 的定义，N 是它自己的一个成员。因此，N 是它自己的一个成员，当且仅当它不是它自己的一个成员。这个矛盾构成了罗素悖论。

罗伯特·本奇利(Robert Benchley)曾经说道："世界上可以说有两类人：那些不断地把世人划分为两类的人，以及那些并不如此划分的人。"他应该已经悖论性地补充说，他属于后一类人。

回想一下格劳乔·马克斯的妙语：他决不加入愿意让他成为一个成员的任何俱乐部。

下面是一个真实的故事：一位著名的哲学家正在发表一篇关于语言学的演讲，说到双重否定结构(double negative construction)在一些自然语言中有肯定的含义(positive meaning)，在其他自然语言中有(十足)否定的意义。然而，他继续观察到，在任何语言中，双重肯定结构(double positive construction)都没有否定的含义(negative meaning)。对此，西尼·摩根贝索(Sidney Morgenbesser)，另一个著名的哲学家，正坐在讲演厅的后面，奚落地回应道：“是的，是的。”

V：“这个语句是真的。” V 有点儿古怪，但不是悖论性的。它的一个变种来自于大卫·莫泽(David Moser)，这个变种读作：“这个语句是一个！！！不成熟的加标点者。”“这个语句是逐渐变为法文的”(This sentence is graduellement changeant en français)是另一个变种。

罗素对这个悖论的解决，是要把集合的概念限制到已经存在的集合的一个合适定义的聚集体。在其著名的类型论(theory of types)中，他按照类型(type)或层次(level)来对集合进行分类，因此创造了一个集合论的等级结构(set-theoretic hierarchy)。在最低的层次(类型Ⅰ)上是个体对象。在下一个层次(类型Ⅱ)上是类型Ⅰ对象的集合。在下一个层次(类型Ⅲ)上是类型Ⅰ或者类型Ⅱ对象或集合的集合，等等。类型 n 集合的元素是类型 $(n-1)$ 或者更低的对象或集合。罗素悖论以这种方式得以避免，因为一个集合只能是一个更高类型的集合的一个成员，而不是它自己的一个成员。对这个思想的非正式运用随处可见，比如动画片、电视、电影中的人物永远在说这样的东西：他们对自己的焦虑感到焦虑，他们对自己的烦躁感到烦躁，或者他们对自己的疲惫感到疲惫。

说谎者悖论可以以类似的办法得到避免。即把一个等级结构的解决应用于埃庇米尼得斯的话，要求将“所有克里特岛人都是说谎者”这个陈述，指定到比克里特岛人作出的其他陈述更高的类型上去。我们作出如下区分：类型 I 陈述（通常称为一阶陈述），它们并不指称其他陈述；二阶陈述，它们指称一阶陈述；三阶陈述，它们指称一阶陈述和二阶陈述，等等。因此，如果埃庇米尼得斯这个克里特岛人宣称他作出的所有陈述都是假的，那么我们应该认为他是在作出一个并不适用于自身的陈述；他是在作出一个比他作出的其他陈述的级别都要高的陈述。这样就可以避免说谎者悖论的自我否定（self-negation）。

下列三个陈述分别是一阶、二阶和三阶陈述：

(1) 维特根斯坦是秃子。

(2) 陈述(1)是假的。

(3) 陈述(2)是真的。

陈述的真值的这种等级结构的概念，已经被逻辑学家阿尔福雷德·塔尔斯基（Alfred Tarski）等人大大扩展。然而，这不是处理这些问题的唯一方式。一个可供取舍的方法来自哲学家索尔·克里普克（Saul Kripke），他把像 Q——“这个语句是假的”——这样的陈述看作是“无根据的”。没有根据，便没有一阶陈述，据此我们可以确立起 Q 的真值。在克里普克的表述中，陈述没有被（正如在塔尔斯基的说明中那样）指定固定的层次或秩序，而是自然地得到它们的层次，取决于何种其他的陈述已经被作出，以及取决于具体的情景。（参见以上柏拉图—苏格拉底的故事。）这些陈述的真值是以一种逐渐的、归纳的方式确定的，不是每个语句都得到一个真值（truth value）（例如 Q）。自我指称陈述被允许，而且在合适的条件下得到一个真值。

对“自贴邮票的信封”(self-addressed stamped envelope)的一个字面解释，是一个贴了邮票寄给自己的信封，以便于即时投递。

“你总是过分敏感。你从不适度地反应。如果你耸一次肩表示怀疑，我就要因痛苦而尖叫。”

难困读诵*

语言和元语言：你把握了吗？

罗素的类型论在语言的层次之间进行了区分。隐含在语言层次的讨论之中的，是逻辑和哲学中一个非常普遍而且格外重要的区分：在对象语言(object language)和元语言(metalanguage)之间的区分。对象层次的陈述是在一个(通常是)形式系统(formal system)中的陈述，这个系统是研究的对象。例子是：

(1) $A \wedge B \rightarrow \sim C \vee B$

(如果 A 和 B，那么要么非 C 要么 B)

(2) $\forall x \exists y P(x, y)$

(对所有 x 存在着一个 y，以致 x 与 y 具有关系 P)

---

* 原文为大写的黑体字母AIXƎLƧYD，即 dyslexia(诵读困难)的变形，中译文亦如法炮制。——译者

(3) $p \mid (x^2-1) \rightarrow p \mid x$

（如果 p 除尽 x^2-1，那么 p 除尽 x）

元层次的陈述是关于形式系统的陈述，或者关于在它之中的对象层次的陈述。例子是：

(1) 陈述 Q 有两个不同的解释。

(2) 陈述 S 是真的但不是可证的(provable)。

(3) P、S 和 Q 是不一致的(inconsistent)。

如果一个人正在(用英语)研究日语语法，那么日语是对象语言，英语是元语言。

格劳乔对一个熟人说："对于智商在2%以下的人们，有一个组织，你听说过吗？我正在看它的时事通信，称作'大傻'(DENSA)。"格劳乔停住，弯腰更仔细地看了一下，随口问道："你把握了吗？你把握了吗？"这个熟人以为格劳乔是在问他是否理解了这个笑话，便答道："是的。"对此格劳乔的回应是："我感到惊奇。原来我以为你比那要聪明一点呢。"

不怕人们嘲笑我卖弄学问，我应该指出，格劳乔的熟人把"你把握了吗？"错误地理解为关于这个笑话的一个元层次的问题，不是一个对象层次的问题(这个问题是这个笑话的一部分)。

在刘易斯·卡罗尔的"乌龟对阿基里斯(Achilles)说了些什么？"(下面节选)中，乌龟犯了个相反的错误。他(he)把元层次的规则 C 与对象层次的陈述 A、B 和 Z 混淆起来了。C 并不需要进一步的规则来说明它何时应用、如何应用，但是乌龟强调需要一个元元层次

(meta-metalevel)的规则 D 来说明 C 何时应用、如何应用，然后还需要一个元元元层次的规则 E 来说明 D 何时应用、如何应用，等等。乌龟只是不在玩这个逻辑游戏(logic game)。

"欧几里得(Euclid)提出的那个漂亮的第一命题(First Proposition)!"乌龟梦幻般地低声说。"你钦佩欧几里得?"

"简直充满热情！至少迄今为止，就像人们钦佩未来几百年还没有发表出来的论文!"

好，让我们在那个第一命题上采取一些论证——就两步，结论是从这两步引出来的。请在你的笔记本上把它们记下来。为了方便地指称它们，让我们把它们称为 A、B 和 Z：

A）等于同样的东西的事物相互间等同。

B）这个三角形的两边是等于同样的东西的事物。

Z）这个三角形的两边相互间等同……

"我要强制你接受 Z，是吗?"阿基里斯沉思般地说道。"你目前的见解是，你接受 A 和 B，但是你**不**接受假定的东西——"

"让我们称之为 C，"乌龟说。

"——但是你**不**接受 C)如果 A 和 B 为真，那么 Z 必定为真。"

"那是我目前的见解。"乌龟说。

"那么我必须请求你接受 C。"

"我将接受 C，"乌龟说，"只要你已经在你的笔记本上记下它。在笔记本上你还得到些什么?"

"只是一些备忘录，"阿基里斯紧张地翻动着笔记本说道，"对……对一些我表现出色的战斗的备忘录!"

"大量的空页，我看!"乌龟兴高采烈地评论说。"我们需要**所**

有空页!”(阿基里斯发抖了。)“现在像我命令的那样写——

A) 等于同样的东西的事物相互间等同。

B) 这个三角形的两边是等于同样的东西的事物。

C) 如果 *A* 和 *B* 为真,那么 *Z* 必定为真。

Z) 这个三角形的两边相互间等同。”

“你应该把它称为 *D*,不是 *Z*,”阿基里斯说。“它**接着**其他三个出现。如果你接受 *A*、*B* 和 *C*,你就**必须**接受 *Z*。”

“为什么我**必须**接受 *Z*?”

“因为 *Z* **逻辑上**是从它们推导出来的。如果 *A*、*B*、*C* 为真,*Z* **必定**为真。我认为**对此**你没有争议,是吗?”

“如果 *A*、*B*、*C* 为真,*Z* **必定**为真。”乌龟若有所思地重复说。“那是**另一个**假设,难道不是吗? 如果我无法看到它为真,我可以接受 *A*、*B*、*C*,但是**仍然**不接受 *Z*,对吗?”

“可以。”这位公正的英雄承认:“虽然这种迟钝无疑只是现象,但这个事件是**可能的**,所以我必须请求你允许有**一个**外加的假设。”

“好极了。我很愿意应允它,只要你把它写下来。我们将称之为 D) 如果 *A*、*B*、*C* 为真,*Z* **必定**为真。你把它记在你的笔记本上了吗?”

“我**记下来**了!”当他把铅笔插回笔套时,阿基里斯快乐地大声叫道。“最终我们达到了这个理想的竞赛过程的终点! 既然你接受 *A*、*B*、*C* 和 *D*,**当然**你也会接受 *Z*。”

“我接受 *Z* 吗?”乌龟纯真地说。“让我们先把事情弄清楚。我接受 *A*、*B*、*C* 和 *D*。假设我**仍然**拒绝接受 *Z*,那又如何?”

“那么逻辑将卡在你的喉咙里，**强制**你接受它！”阿基里斯耀武扬威地答道。“逻辑将告诉你‘你别无他法。既然你已经接受了 A、B、C 和 D，那么你也必须接受 Z！’所以你看，你别无选择。”

“**逻辑**告诉我，不论什么好东西都值得**写下来**。”乌龟说。“所以请把它记在你的笔记本上。我们将称之为E）如果 A、B、C 和 D 为真，Z 必定为真。当然，直到我已经同意**你所说的一切**，否则我无须同意 Z。所以它是一个**必要的**步骤，你看呢？”

“我明白了。”阿基里斯说，在他的腔调中有一种悲哀感。

（卡罗尔）

哥德尔著名的不完全性（元）定理［incompleteness（meta）theorem］的关键，也取决于对象层次—元层次的区分。哥德尔考虑了一个简单的形式系统，这个系统包含整数算术的基本公理。他有条理地为各个对象层次的陈述指定一个唯一的编码数（code number）；他还对一个对象层次的陈述的每个证明指定了一个编码数。通过这种编码(coding)，关于数的对象层次的陈述，也可以被理解为表达关于该系统（或单个对象层次的陈述）的元层次的陈述。如果一个人聪明细致，他就可以找到一个陈述 G，G 是真的，当且仅当它是不可证明的。

粗略地说，我们注意到，关于整数的这个对象层次的陈述，通过这种数值编码，对它自身而言是不可证明的。如果这个系统的公理都是真的，如果这个系统是一致的，那么我们可以推断说，（记住，关于整数的）这样一个陈述 G 既不可以从这些公理中被证明，又不可以从这些公理中被反驳(disprovable)——它是独立于那些公理的。同样的思想可以被扩展来表明，任何形式系统不能证明一些真命题(some truths)，因此没有任何形式系统能够证明所有的真命题(all truths)。

如下这个古老的笑话传达了某些同样的韵味：一个新囚徒感到困惑，因为每当他的一个囚友大声喊出一个数时，这些囚友便放声大笑。人家告诉他，这些数是用来指代某些笑话的密码，通过这样做，这些笑话并不需要被逐字重复。受好奇心驱使，这个新囚徒大声喊出“63”，可人们却报以一片沉寂。后来他的室友解释说，凡事取决于人们怎么讲一个笑话。

我认为，这个元笑话(metajoke)本身可以被指定一个编码数，而且……

每当一个笑话失败后，喜剧演员通常会对它作一番自我贬低的评注，至少借此能对一个元笑话起到补救作用。作家也是这样。

这个语句有三个挫。在前面有一节的标题中，这些挫中的一个与其他两个属于不同的类型，或者是在不同的层次上。

与语言—元语言的区分相关联的是使用—提及的区分——事实上，后者是前者的一个特殊情形。以下第一对语句使用了“嘲笑”和“丹尼尔”这两个词，而第二对语句只是提到它们：

(1) 利厄(Leah)在嘲笑史牧夫(Smurf)的漫画。

(2) 丹尼尔(Daniel)喜欢剪草机。

(1′) “嘲笑”包含两个字。

(2′) “丹尼尔”是一个男孩的名字。

甚至一个5岁的孩子也可以领会这个区分，这在如下真实的故事中得到例证：我的一个同事正在家里写一篇文章，思路却不时被他那5岁的孩子对“狗屁”这个词的使用打断。原来，这个孩子在隔壁房间玩积木，每当他的积木倒塌时，他总要说“狗屁”。我的同事断然警告他别再用这个词。但是当他回到房间继续工作时，又听见他孩子在说这个词。他在房间里来回地走动了一会儿，突然冲进他儿子的房间，却只是听见这孩子防卫式地继续说道：“……是句坏话，‘狗屁’是句坏话。对吗，爸爸？”

不能区分使用(using)和提及(mentioning)，还会导致如下有关前总统和福特(Ford)夫人的论证：

伯蒂爱福特。

福特是一个两个字的词。

因此，伯蒂爱一个两个字的词。

鄙人(i)应该以大写字母开头。

意义、指称和多拉·布莱克的第一个丈夫

意义(meaning)、指称(reference)、专名(names)和摹状词(descriptions):这些概念在关于哲学逻辑(philosophical logic)的许多争论中处于核心地位。不管这些争论如何被解决,一些众所周知的难题必须被解决(或者被消解)。

"意义"的意义难以充分普遍地加以阐明,倘若不是无法阐明的话。一个尽管偏执但还算清楚的说明是由早期的逻辑实证主义者(logical positivists)提供的,他们把一个命题的意义等同于它的证实(verification)方法——这就是说,等同于指向其真实性(truth)的不论什么观察。使用这个所谓的可证实性原则(verifiability principle),他们认为他们已经设法取消了形而上学、神学和伦理学,因为这些学科的命题似乎是不可证实的(unverifiable)。因此,我们得到了一个思想贫乏、令人烦闷的逻辑实证主义纲领。这个意义理论的一个主要问题,当然是它的可证实性原则本身令人困窘地不是可证实的(not verifiable)。"指称"也是一个难以牵制的困难概念。不过,不管这些词项的意义是什么,对于它们之间的联系,我们可以说些东西。

两个词项或表达式可以指称同一个(组)实体,虽然它们在意义上不同。用一个来自逻辑学家哥特罗布·弗雷格(Gottlob Frege)的经典例子,我们注意到,"晨星"(the morning star)和"暮星"(the evening star)在意义上——或者,就像有时候所说的,在内涵上——的确不同。为了认识到这两个表达式有同样的所指(referent)(这就是说,二者都指称同一个实体),亦即金星,我们需要作出一个经验发现。类似地,"《数学原理》的共同作者中年轻的那位"和"多拉·布莱克(Dora Black)的第一个丈夫"都指称伯特兰·罗素,虽然它们并不意味着同一回事。"renates"这个词即"有肾脏的动物",

而“cordates”这个词即“有心脏的动物”，可它们都指称同一种类的动物，因为有心脏的动物必有肾脏，反之亦然。

如果用有同样所指的任何其他的词项或表达式来取代一个词项或表达式并不导致改变一个语句的真值，那么我们就说那个词项或表达式**外延上**(extensionally)出现在那个语句中。在许多语境中，而且一定在所有纯粹数学的语境中，同等的东西取代同等的东西并不改变外延，不引起任何问题。对欧几里得来说，这种代替是如此明显，以致他把它作为“一个普通概念”包含在他对平面几何的发展中，认为它不需要任何进一步的说明或证明。如果 a 大于 x^2 〈ms〉 I，且 $a = b$，那么 b 大于 x^2 〈ms〉 I。但在数学领域之外，这个代替原则(substitution principle)失效。请看下列论证：

这个总统认为哥本哈根在挪威。

哥本哈根是丹麦的首都。

因此，这个总统认为丹麦的首都在挪威。

数 6 大于数 3 是个数学定理。

数 6 是伊丽莎白 · 泰勒(Elizabeth Taylor)的丈夫的数目。

因此，“伊丽莎白 · 泰勒的丈夫的数目大于数 3”是个数学定理。

陈述或表达式能够有一个意义，但是缺乏一个所指(至少许多哲学家这样认为)。罗素著名的“法兰西的现今国王是个秃子”是一个例子。罗素认为这个语句意味着“存在着一个人，他是法兰西的国王，并且那个人是个秃子”；照此分析，这个语句是有意义的，不过是假的。

乔治：彼得·潘(Peter Pan)并不存在。

玛莎：你指的是那个从空中飞过，与胡克(Hook)上校作战，受到孩子们爱戴的男孩。

乔治：对，他并不存在。

玛莎：谁并不存在？

乔治：彼得·潘。

沃尔多：什么时候你想付账单的余额，乔治？

乔治：别担心。下周的第二个星期二之前我会把它给你。

有时候甚至可以出现更严重的困难，就像当乔治宣称说：“我弟弟是个独生子。”

正如两个词项可以在意义上不同但是具有相同的所指，一个词项可以有许多所指但却只有一个意义。比如说，“我的父亲”当被我说出来时指称我的父亲，或者当被沃尔多说出来时指称沃尔多的父亲时，便具有不同的所指，但是意义是同样的。同理，像“你”或“我”，“昨天”或“明天”，“这里”或“那里”这样的词指称不同的实体，取决于何时、何地、被谁说出。

一天下午，一个男人和他的一个熟人在街上走。这个男人发现他的妻子跟他的情妇正在一个咖啡馆说着话，便开心地评论道："想象一下吧，一个情妇整个上午与她的情人混在一起，然后却又在那个下午与他的妻子友好地聊天。"这个熟人大惊失色，回问道："你是怎么发现的？"

两个牧师在讨论目前性道德(sexual morality)的悲哀状况。"在我们结婚之前我并不与我的妻子睡觉，"一个牧师自以为是地说。"你呢？"

"我拿不准，"另一个牧师说。"她婚前的名字是什么？"

分析的 vs. 综合的，布尔 vs. 玻意耳，数学 vs. 烹调术

一个分析真理(analytic truth)是一个由于它所包含的词的意义而为真的真理，一个综合真理(synthetic truth)是一个由于世界所是的方式而为真的真理。["如果乔治有臭味是个秃子，那么他是个秃子"vs.(相对于)"如果乔治有臭味，那么他是个秃子。""单身汉是没结婚的男人"vs."单身汉是好色之徒。""UFO是不明飞行物"vs."UFO装有小绿人。"]这个区分是康德(Immanuel Kant)原来的区分的装饰，而康德原来的区分归于大卫·休谟和哥特弗雷德·莱布尼兹(Gottfried Leibniz)作出的区分。一些哲学家，尤其是美国哲学家蒯因(W. V. O. Quine)，已经论证说这个区分不是牢固的、清楚的，而是一个程度或方便的问题。它即使并非绝对的、不可改变的，也仍

然是一个有用的区分。

当莫里哀(Molière)笔下那位华而不实的医生宣称催眠药因为催眠特性而有效时，他是在作出一个空洞的分析陈述，而不是一个事实的综合陈述。同样的话可以对《爱丽丝镜中奇遇记》中的白骑士说。在向爱丽丝描述他想唱的那首歌时，这个骑士说道：

> “这首歌太长，但是它非常**非常**优美。每个人在听我唱它时，要么都感动得流泪，要么——”
>
> “要么什么？”爱丽丝问，因为这个骑士突然停顿了一下。
>
> “要么他们不被感动得流泪，你知道。”

同样，“一个讲得好的笑话不会好笑，除非它被讲得好”是一个分析真理，即使表面上它说了一些实质性的东西，因为它等价于“如果一个讲得好的笑话好笑，那么它被讲得好。”

反过来，综合真理有时被错误地看作分析上为真或为假的陈述。例如，“第二名芝加哥白袜队穿白袜上场比赛”，或者反复讨论的论题“神圣罗马帝国不是神圣的、罗马的或帝国的。”在爱因斯坦(Einstein)的相对论中，一些关于空间和时间的声明现在也被看作综合真理，而不像许多人原来认为和依然认为的那样，是分析上假的(analytic falsehoods)。

甚至更常见的是下列对话，在那里，通过重新定义一些偏见，使得它们是分析上真的，从而维护了这些偏见：

乔治：苏格兰人不买珠宝。

玛莎：但是麦格雷戈(MacGregor)刚才买了14串宝石项链。

乔治：那么，麦格雷戈不是一个真正的苏格兰人。

资本家（神经症患者，犹太人，英国人，希腊人，黑人，等等）不做如此这般的事。但是某某人确实做了如此这般的事。那么，他不是一个真正的资本家（神经症患者，犹太人，英国人，希腊人，黑人，等等）。

可以说，分析真理和综合真理之间的差异是在一个"o"和一个"y"，在布尔的逻辑定律和玻意耳的气体定律之间的差异。* 这个差异大概是在形式科学（数学，逻辑学，以及语言学）和经验科学（物理学，心理学，以及烹调术）之间的差异。

罗素曾经写道：

> 纯数学完全是由这样的观察组成的：如果如此这般的一个命题是对**任何东西**为真的，那么如此这般的另一个命题是对那个东西为真的。至关重要的是，不要讨论第一个命题是否确实为真，不要提这任何东西是对这个命题假设为真的…… 如果我们的假说是关于**任何东西**，不是关于某个或某些更特殊的东西，那么我们的演绎便构成数学。因此，数学可以被定义为这样一门学科，在这个学科中，我们决不知道我们正在谈论什么，我们也决不知道我们正在说的东西是不是真的。
>
> （罗素）

* 布尔（Boole）和玻意耳（Boyle）的英文名字之间的差异，是在一个"o"和一个"y"，故作者有此说。——译者

的确，我们处处都可以发现不知所云的人们，虽然这或许不表明数学天才无所不在，上述引文确实对数学的形式研究方法给出了一个生动的总结。某些以形式语言表达的公理被阐述；精确的推理规则被表述；而且，通过推理规则可以从公理中推导出定理。任何东西所意味的被(或可被)忽略。在这方面，数学可以被比作弈棋——公理被比作初始位置，推理规则被比作支配可允许移动的规则，定理被比作棋子的随后位置。数学真理，尤其是欧几里得几何真理，被认为是(使用康德的术语)先验综合真理——也就是说，它们被发现为真，乃是因为世界原本如此，而跟经验没有关联。鲍耶(Bolyai)、罗巴切夫斯基(Lobachevsky)、高斯(Gauss)对一致的非欧几里得几何的发展，使人们认识到，点、线以及其他基本的几何术语和关系能够被看作**任何东西**，只要那些东西满足包含这些术语和关系的形式公理(formal axioms)，而几何定理只不过是通过推理规则从公理中推导出来的任何形式陈述。这些观点当然已经隐含在罗素的话中。

只有当术语被赋予一个特定的经验意义时，真假的概念才变得合适。法国数学家庞加莱(Poincaré)曾经写道："对'欧几里得几何学是真的吗？'这个问题，我们作何思考呢？它没有意义……一个几何学不可能比另一个几何学更真；它只能是更加方便"(Poincaré 1913)。这是因为数学追求的不是真理(一个元层次的概念)，而是形式后果(可证性，一个对象层次的概念)，不是"这对这个世界是真的吗？"，而是"这是从那推导出来的吗？"爱因斯坦对此解释说："只要数学性质指称实在，它们就不是确定的；只要它们是确定的，它们就不指称实在。"数学真理(mathematical truths)是确定的，基本上因为它们是分析的；物理真理(physical truths)不是确定的，因为它们是综合的。

乔治去到“跟你的生活打赌计算机约会服务处”登记他的要求(公理)。他要找一个皮肤白皙、不太唠叨、对毛皮感到舒适，但是轻蔑城市生活的人。结果这台计算机发给他一头北极熊。

康德去到“罗巴切夫斯基木材公司”订购一个用来覆盖书桌的平板。感觉到种类杂多，他要求得到一个满足欧几里得平面几何的(头四个)公理的表面。于是这个木材公司给了他一块马鞍状的木板。

综合的科学定律和事实不可能被先验地决定，这在现在看来是个常识。但是下列从弗朗西斯科·斯兹(Francesco Sizi)那儿节选来的一段话表明情况并非总是这样。在这段话中，斯兹“论证说”，与他的同时代人伽利略(Galileo)通过望远镜看到的东西相反，木星可能没有卫星：

> 头上有七窍：两个鼻孔，两只耳朵，两只眼睛，以及一张嘴；所以天上有两颗讨人喜欢的星星，两颗不吉利的星星，两颗发光的星星，只有水星未定，无关紧要。从这以及从许多其他相似的自然现象比如七种金属(列举这些现象太繁琐)中，我们推断行星的数目必然是七…… 而且，卫星用肉眼是看不见的，因此对地球没有什么影响，因此是无用的，因此不存在。

德国哲学家黑格尔(Hegel)，在小行星谷神星(瑟蕾丝)* 被发现之前，曾经严厉谴责天文学家没有把更多的注意力放到哲学上，而哲学这门科学，按照黑格尔先生的看法，已经表明存在的行星不可能多于七颗。

杂烩

我想以一些逻辑笑话和故事的集萃来结束这一章。第一个“笑话”只是由几对短语构成，每对短语的语句都具有同样的语法，但是具有不同的逻辑(在“逻辑”的一个宽泛的、非正式的意义上)：

“沃尔多喜欢早点搬出他的车，”** vs. “MATE－IAC Ⅱ 计算机喜欢早点出车。”

“去到无穷，”vs. “去到巴黎。”

“诚实驱使我，”vs. “国税局强迫我。”

“目前的俄国沙皇是个胖子，”vs. “目前的美国总统是个胖子。”

“是一个棒球运动员，”vs. “是一个棒球。”

“一个所谓的谋杀者，”vs. “一个邪恶的谋杀者。”

“你已经停止殴打你丈夫了吗？”vs. “你已经投票支持米加罗米提了吗？”

“要是帕特有一个不同的工作多好，”vs. “要是帕特有一个不同的性别多好。”

“世界开始之前，”vs. “菲利斯游戏开始之前。”

---

* 这颗小行星 Ceres，是从古罗马神话中的谷类女神那儿得到的名字。——译者

** “车”这里指国际象棋的棋子。——译者

“为物理学考试学习，” vs. “为尿检作研究。”

现代分析哲学(modern analytic philosophy)有时被称为语言治疗(linguistic therapy)，像维特根斯坦、赖尔(Ryle)和奥斯丁(Austin)这样的哲学家已经煞费苦心地对语言进行分析，以便治疗潜伏在上面这些短语中的“语言疾病”(linguistic diseases)。

电视体育播音员：伙计们，时间快要到了，所以我将不得不快点数棒球比赛的分数。4 比 2，6 比 3，8 比 5，经过真正扣人心弦的紧张比赛，2 比 1。

电视足球评论员：这两个队今天真的较上劲了。

农夫：烤羊肉串有一个“a”还是一个“o”？*

苏非派师傅：有肉。

10 岁的孩子：Pete 和 Repeat 正走下街道。Pete 倒下。剩下谁？

---

* “烤羊肉串”在英语中是“kebab”，有时也拼作“kebob”。下句中的“苏非派”(SUFI)是伊斯兰教的一个流派。——译者

7 岁的孩子：Repeat。

10 岁的孩子：Pete 和 Repeat 正走下街道。Pete 倒下。剩下谁？*

玛莎：乔治，这个游戏允许欺骗。

一个妻子嘲笑她的发狂的丈夫，他正把一只上膛的左轮手枪对准自己的太阳穴。"不要笑，"她的丈夫告诉她。"下一个就轮到你了。"

书名：《恢复童贞 20 法》(*20 Ways to Regain Your Virginty*)

曾经有一匹有才气的马，它掌握了算术、代数、平面几何以及三角学。然而，当人们向它提出解析几何问题时，这匹马踢叫不停，拼命挣扎。你无法把笛卡儿(Descartes)放在这匹马之前。**

什么问题毫无理由包含"哈密瓜"(cantaloupe)这个词？

* 在这里，作者使用"Repeat"作为一个专名，亦即某个人的名字。但是"repeat"在日常的意义上是"重复"的意思。在这段对话中，这个 10 岁的孩子把这个词的两种用法混淆起来，所以导致他把说过的话重复一遍。我保留了这两个专名，没有把它们翻译成为中文，因为只有这样才能传达作者原来的意思。——译者

** 这里作者使用了词的双关含义。笛卡儿(Descartes)是解析几何的发明者。笛卡儿的法文名字中包含了"cart"这几个字母，而 cart 在英语中意指"大车"。当然，你不可能把大车套在马的前面。——译者

科斯特洛(Costello):谁领先?

修道士:对了。谁领先,约翰逊(Johnson)在第二。

科斯特洛:谁领先?

修道士:对了,谁领先。约翰逊在第二,沃尔特斯(Walters)以最快的速度前进。

科斯特洛:但是究竟谁领先?

服务员:您想要白酒还是红酒来佐您的晚餐?

乔治:都一样,反正我是个色盲。

说到液体,下面是一个古老的难题:从一杯8盎司的水中拿去一汤匙水,放入一杯8盎司的酒中,把它们搅和起来。然后取出一汤匙混合体,放入水杯中,把它们搅和起来。酒中的水多还是水中的酒多?

如果你对逻辑上的细微差异(logical niceties)感到厌烦,最后一个故事或许会让你高兴起来。在讽刺一些哲学家强调空洞而无意义的精确时,伯特兰·罗素讲了一个走到一条岔路口的人的故事。这个人问一个碰巧闲站在那儿的哲学家:“哪条路到德里西尔(Dresher)镇?”这个哲学家回问道:“你问的是这两条路中的哪一条?”

“是的，是的。”

“你在寻找德里西尔镇？”

“是的，是的。”

“你想沿着这两条路中的一条走到德里西尔镇？”

那个人不耐烦地重复道，“是的，哪条路通向德里西尔镇？”

“我不知道。”

这个哲学家不是一个十分优秀的哲学家。在告诉这个人他不知道哪条路通向德里西尔镇之前，他应该已经问这个人他是否确信只是其中一条路确实通向德里西尔镇。在下一章中，我们将开始以一种更加意味深长，但也更加令人烦恼的方式来揭示无知(ignorance)的意义。

第三章　科学

归纳、因果性和休谟的蛋

妇女：大夫，大夫，你必须帮助我，我的丈夫认为他是一只鸡。

大夫：太可怕了。 他这样想已经多久了？

妇女：在我的记忆之中，他已经想了好久。

大夫：那么为什么你不早些来看我？

妇女：我是想早些来，但是我们需要蛋。

如果这位大夫回答说他也需要蛋，我们就有了某些类似于归纳问题(problem of induction)的东西。

妇女：教授，教授，你必须帮助我，我的丈夫使用一个归纳论证来表明对归纳论证的使用是正当的。

休谟教授：太可怕了。 他这样做已经多久了？

妇女：在我的记忆之中，他已经想了好久。

休谟：那么为什么你不早些来看我？

妇女：我是想早些来，但是我们需要归纳论证(的结论)。

休谟：恐怕我也需要。

这里，我要对通常所指的休谟的传统归纳问题[罗素曾将其称为“哲学的丑闻”(the scandal of philosophy)]作一个概括。在我们生活的每一天，我们都心安理得地使用归纳论证(其结论超越了前提，包含了比前提更多的信息的论证)。为什么我们如此确信这些论证通常从真的前提中产生真的结论呢？一定没有这样的归纳论证：由于太阳在过去已经有规律地升起，它大概明天会升起；由于在过去已经被放开的石头总是落下，当它们在未来被放开时，它们大概会落下。看来对这些规律性之延续的唯一论证是一个归纳论证：由于这些规律性在过去已经得到，它们大概会延续进入未来。但是，试图通过一个归纳论证来证明对归纳论证使用正确，这显然是循环的，并且还回避了问题的实质。粗略地说，对“为什么未来在某些相关的方面将像过去？”这个问题的回答，不比说“那将是因为过去的未来已经在某些相关的方面像过去的过去”更令人满意。只有当未来将像过去时，这个回答才有帮助，但是前者正是争论之所在。

人们已经作出种种尝试来清除“哲学的丑闻”。一种方式是把自然(在时间上)的均一性(uniformity)这个假定接受为一个非经验的原则。这个“解决”(“solution”)也有问题，因为它也回避了问题的实质；它等同于有待确立的东西。这个解决，用罗素在不同语境中说过的话说，具有“在诚实的劳作上行窃”的优点。另一种尝试方式注意到，一些归纳论证具有比其他归纳论证更高的级别，试图利用(归纳论证、元归纳论证、元元归纳论证等等的)等级结构来设法为归纳辩护。这种做法要么不太管用，要么过分管用，因为它“辩护”了一大堆怪异的实践。

查尔斯·桑德斯·皮尔士(Charles Saunders Peirce)和汉斯·赖欣巴赫(Hans Reichenbach)已经发展了一个不同的对归纳的实用主义辩护，这个辩护大概是这样的："也许归纳法并不管用，但是如果任何东西管用，那么归纳法管用。也许宇宙中并不存在秩序，但是如果(在任何层次上)存在着任何秩序，那么归纳法将最终(在邻近的最高层次上)发现它。"这个探讨有一些价值，但是"最终"这个词也有一个问题。最后，已经有人试图消解这个问题，那就是要表明：遵从我们的常识归纳规则就是合理性(rationality)的意义所在，因此无需为归纳作进一步的辩护。*

在导论中我写道：哲学不是生活的指南，不是神学或数学的一个分支，也不仅仅是面对逆境时的坚韧。不管对休谟的传统归纳问题的解答是什么，它都极漂亮地示范了哲学探究的本质。一旦休谟清晰地表达了他对归纳(以及我们下面将要讨论的因果性)的见识，就没有谁能够再以同样的方式思考归纳。除了一个有时候令人恐慌的认识外，再也不可能提供任何新的事实、定理或者规定了。那个认识就是，归纳不是在我们非批判性的日常生活中表现出来的东西，在日常生活中，我们通常只关心我们需要的蛋。

一个富于幽默感的归纳(A Humerous induction)：**

---

* 这个解释的倡导者是牛津哲学家斯特劳森爵士(Sir Peter Strawson)。——译者

** 这里，作者通过使用语音的相似性本身制造了一个幽默。"Humerous"是作者从休谟的名字(Hume)中捏造出来的一个词，它与"humorous"(幽默的，滑稽的)这个词谐音。——译者

玛莎：在迄今为止所有我度过的生日上，我都不满 25 岁。所以，通过归纳，在所有我的生日上，我将都不满 25 岁。

休谟对因果性(causality)概念的分析同样令人不安。按照休谟的观点，当我们说“*A* 引起 *B*”时，我们指的不过是，*A* 和 *B* 恒定连结在一起，在我们考察的每个场合，事件 *A* 已经被事件 *B* 跟随着。由于很容易想象 *A* 不被 *B* 跟随着，所以在 *A* 和 *B* 之间的联系不可能是一个必然的或逻辑的联系。原因(causes)和结果(effects)是可以通过经验来发现的，但不是可以通过先验推理来发现的。许多人——当然包括康德——对此深信不疑。

这个原因和结果的观点仍然有些问题。比如，考虑科学定律(scientific laws)。它们只是对 *A* 和 *B* 过去的“恒定连结”(constant conjunctions)的简明总结，以及对 *A* 被 *B* 跟随着的描述性的再陈述吗？这个观点难以维持，究其原因，正如纳尔逊·古德曼(Nelson Goodman)指出的，科学定律不像偶然的概括，它似乎支持反事实条件句(counterfactual conditionals)。(一个反事实条件句是这种形式的一个陈述：“要是 *A* 是如此这般，那么 *B* 将是如此这般，”当 *A* 事实上**不是**如此这般时。)

因此，“具有比水的密度大的一定密度的所有物体，当被放置在水中时下沉”这个科学定律，便支持如下反事实条件句：“如果这个钉子已经被放置在水中，那么它就会下沉。”然而，“乔治五年级数学课上的所有学生都是半文盲”这个偶然概括，并不支持这个反事实条件句：“要是玛莎在乔治的课上插班，她将是一个半文盲。”类似地，“所有含纯砒霜的物体有小于一吨的质量”这个偶然概括，并不支持这个反事实陈述："组合质量大于一吨的两个含纯砒霜的物体不可能融合成为一个物体"，或者"如果两个这样的物体被融合，结果得到的物体的质量将小于一吨。"

这样看来，科学定律的本体论地位(ontological status)并不是很明显。它们似乎不仅仅是对恒定连结的概括，因为它们支持反事实条件句，但是它们一定弱于必然真理或逻辑真理。

利奥·罗斯滕(1968)讲述的一个故事，与我们谈论的要点有一些隐约的相关性：

一个迟钝的呆子要出去赴一个经第三者安排的约会，他向一个朋友讨教如何成为一个恋爱高手。这个朋友回答说，"我告诉你一个秘密。犹太女孩喜欢谈论三个话题：食物、家庭和哲学。这是你需要记住的所有东西。问一个女孩在食物上的趣味是要让她感到自己重要，问她的家庭表明你的意图是可敬的，同她讨论哲学则显示你对她的智力的尊重。"

这个傻瓜很高兴。"食物、家庭和哲学，好！"

他一遇见这个女孩话便脱口而出："你好！你喜欢面条吗？"

"为什么？不！"这个女孩惊讶地说。

"你有一个兄弟吗？"

"没有。"

这个傻瓜犹豫片刻，又问："那么，如果你有一个兄弟，他会喜欢面条吗？"

医学界人士和生物学家有时候以一种怪异的方式使用“原因”这个词。他们推理说，如果 x 治愈 y，那么缺乏 x 将引起 y。比如说，如果多巴胺(dopamine)缓解震颤性麻痹(Parkinson’s disease，即帕金森病)，那么缺乏多巴胺必定引起震颤性麻痹。如果多巴胺的拮抗物降低精神分裂症，那么它的过量使用必定引起精神分裂症。在比较平凡的情形中，人们不太可能犯类似的错误。没有几个人相信，由于阿司匹林治愈头疼，血液中缺乏阿司匹林必定引起头疼。

社会科学中对于“原因”这个词的使用，也有类似的话可以说。

两个澳大利亚原住民被带到我国，第一次看见一个摩托艇手绕着湖面像风一样旋转腾跃。“为什么这只船开得飞快？”一个原住民问另一个原住民。第二个原住民回答说：“因为它正被一个疯子追赶着。”

乌龟先存在？

在澄清对(一个)上帝存在的第一原因论证(first-cause argument)的结构时，伯特兰·罗素引用了如下印度神话：这个世界被搁在一头大象上，而这头大象被搁在一只乌龟上。当被问及这只乌龟时，印度人回答说：“让我们换个话题吧。”

但是我们**不**改变话题。假定对“原因”这个词有**某个**合理的理解：要么每个东西(everything)有一个原因，要么某个东西(something)没有原因。如果每个东西有一个原因，那么上帝也有一个原因。如果存在着某个没有原因的东西，它或许就是作为上帝的物质世界或者一只乌龟。

对第一原因论证的这个回答的说服力，是由圣奥古斯丁（Saint Augustine）对这个论证的一个变种的反应揭示出来的。当被问及在创造这个世界之前上帝在做什么时，圣奥古斯丁答道："他在为那些问这种问题的人创造一个地狱。"

对上帝存在的自然律论证（natural-law argument）有一个类似的结构，因此它对类似的回答是开放的。这个论证把上帝设置为立法者（lawgiver），自然界中秩序和规律的创始者（author）。如果我们问为什么上帝（God）创造了他（He）的确创造了的那些特定的自然律，那么，不管这个论证具有什么力量，其力量都会被大大削弱。如果他突发奇想、毫无缘由地创造这些特定的自然律，那么，就有一些东西不受制于自然律，自然律的链条（chain of natural law）就被打破。另一方面，如果他有理由发布他确实发布的这些特定的自然律，那么，上帝自身亦受制于自然律，首先把他引进来作为中间环节（intermediary）便毫无意义。

存在着一个统计的"自然律"（law of nature），就是说如果你掷一对骰子，那么在36次投掷中，大约只有一次会得到一个2。许多自然律当然具有这种性质。虽然它们指明了在一个层次上的秩序（order）或者规律性（lawfulness），但这个秩序或者规律性存在，只是因为在一个较低层次上的无序（disorder）或随机性（randomness）。比较一下热力学第二定律，这个定律指出：在任何**封闭**系统中，熵（entropy）（粗略地说，即无序）由于更加或然（probable）而在不停地增加。［有生命的东西——能够进行自我复制并可以把更复杂的结构演化出来的有秩序的小岛——不是封闭系统，因此并不构成热力学第二定律的反例(counterexample)。它们吃东西，被太阳所温暖，等等。]

想象一个**完全**随机的系统即便不是不可能的，也确实很困难。看来，在任何宇宙中，必然在某个层次上存在某种秩序或规律性，即使这种秩序或规律性本质上是匹克威克式的(Pickwickian)。甚至在一个非常杂乱的宇宙中，人们也能描述这种凌乱(假设他们在那附近的话，这当然是不可能的)，或者阐明某个高阶的预测，大概是说，看来没有任何低阶的预测会管用。

当一阵强风从10层楼的一个窗户上吹倒一盆花，正砸到下边人行道上一个行人的头上，或者当一个信仰疗法师援助一位后来变成跛子的盲人，为什么我们不把这称作一个奇迹(miracle)呢？

不同类型的常量：普朗克常量，每小时55英里的速度极限，1码为3英尺，π。

不同种类的律则(laws)：质能守恒，停车条例，汝毋杀生，玻意耳气体定律。

在对第一原因论证和自然律论证的反驳上，一个合理的反应是设法理解这一点：第一原因不仅是第二原因的根据，而且也是其自身的根据——或者，类比地说，最普遍的定律不仅解释了次最普遍的定律，而且也解释了其自身。在《哲学说明》(*Philosophical Explanations*)中，罗伯特·诺齐克考虑了这样一个自我归结的(self-subsumptive)原则*P*，它具有如下形式：任何具有特征*C*的似定律陈述是真的。原则*P*被用来说明其他不太普遍的定律为何成立：它们之所以成立，是因为它们具有特征*C*。然而，什么东西说明了为什么*P*成立呢？回答是：由于*P*也具有特征*C*，它说明了为什么它自身成立。总之，如果*P*是真的，那么它说明了它自身。

甚至诺齐克也承认，这“似乎太怪异了，简直就是一种诡辩术”(1981)。不过，正如他注意到的，剩下可供选择的考虑不多。原因(定律)的链条，要么是有限的，要么是无限的。如果它是有限的，那么最基本的原因(最普遍的定律)要么是一个不可理喻的任意事实，要么是自我归结的(self-subsuming)。

自我归结原则无需比它们所说明的东西更深或处于更高的秩序。通过使用克里普克(Kripke)的真理理论的一个变种，我们或许可以处理这样的原则：在这个理论中，陈述自然地得到它们的层次，而不是被预先指定一个固定的层次，并且自我指称陈述有时会得到真值。(也许甚至与某些悖论性陈述——如果它们是真的，那么它们是假的，这使得它们是真的，而这又使得它们是假的，等等——相联系的振荡，亦可以被赋予与自我归结概念相一致的物理含义。)

对于某些神秘的瑜珈(yogic)修炼，诺齐克说，它们有助于揭示自我归结的经验类比。比如，他作了这样的理论概括：“在他们对与无限(infinitude)同一的体验中，(男性)瑜珈修炼者履行的一个活动是自我口交(auto-fellatio)。在这个活动中，他们有一种强烈而又心醉神迷的自我生成(self-generation)体验——一种在自我创造(self-creation)中，对宇宙和他们自已转变成为一体的体验”(1981)。

这一切当然与马克思主义学说相对立。正如格劳乔·马克斯自己或许已经观察到的："首先，罗素把数学定义为这样一门学科，在这门学科中，我们决不知道自己正在谈论什么，我们也不知道自己正在说的东西是否是真的。现在，诺齐克这个爱开玩笑的家伙说，宇宙的最基本的定律与瑜珈修炼者的自慰有某些联系；不过，他们把我称作一位喜剧演员。"

帕斯卡曾经说过，"对哲学进行嘲弄就是当哲学家"(1966)。虽然这不十分正确——因为嘲弄只是当哲学家的一个必要但不充分的条件，但这句话以及格劳乔设想的对罗素和诺齐克的反应，的确暗示了幽默和哲学之间的深深共鸣。理想地看，这两种活动都要求(实际上预设)一个摆脱了约定角色、陈规陋习和生搬硬套的自由智识，以便诚实勇敢地响应世界。当然，只是理想地看。

论鸟和奇怪的颜色

即使我们把休谟的传统归纳问题搁置一边(认为它已经被解决、消解，或者只是被忽视)，仍然存在着自然中的哪些规律性可以投射到未来的问题。迄今考查过的水的所有试样(在正常的大气压下)已经被发现有32华氏度的凝固点；因此，把水的一个试样和具有32华氏度的凝固点之间的联系投射到未来看起来是合理的。所有主要的经济萧条都与主要的太阳黑子活动同时出现，这也是真的；然而，在这种情形中，把经济萧条和太阳黑子活动之间的这个有规律联系投射到未来看起来就不太合理了。

尼尔逊·古德曼已经表明(1965)，哪些规律性可以投射到未来的问题比这两个例子所显示的更成问题。通过考虑两个陌生的电学术语

“condulator”和“insuductor”*，我们可以说明古德曼的可投射性悖论(projectability paradox)。选择某个未来日期，比如说，2010年1月1日。某个东西被称为一个导绝体(condulator)，如果在2010年之前它是一个导体(conductor)，或者在2010年1月1日之后它是一个绝缘体(insulator)。某个东西被称为一个绝导体(insuductor)，如果在2010年之前它是一个绝缘体，或者在2010年1月1日之后它是一个导体。现在让我们考虑铜线的性质。到现在(1984年)为止已经检验过的铜线的所有试样均是导体，因此我们感到我们有可靠的证据说所有铜线都是电导体。但是，古德曼指出，迄今检验过的所有铜线也是导绝体：好像我们有同样可靠的证据表明所有铜线都是导绝体(因此在2010年开始是绝缘体)。

当然，对“导绝体”和“绝导体”这些电学术语有一个自然的异议，即它们是按照2010年来定义的。但是，如果实际上存在着一群人，他们建立了以导绝体/绝导体作为一个部分的一种语言或科学理论，那又怎么样呢？他们同样可以指责我们。他们或许认为，“导体”是一个古怪的术语，在2010年之前被定义为导绝体，在此之后则被定义为绝导体。“绝缘体”也一样古怪，在2010年之前被定义为绝导体，在此之后则被定义为导绝体。

更一般地说，不只是这些孤立的术语，还有包含它们的语言、理论和世界观，也以不可通约的方式建构这个世界及其观察者，因此导致了对未来的截然不同的期望。比如说，一个人能够操纵两个电椅，一

* 这是作者生造出来的两个词，“condulator”指的是一个物体在某个时刻之前是导体，在此之后是绝缘体；“insuductor”则相反，指的是一个物体在某个时刻之前是绝缘体，在此之后是导体。为了方便起见，我们暂把前者译为“导绝体”，把后者译为“绝导体”。——译者

个连上铜线，另一个连上石棉线，每边都有领先的科学家坐在椅子中，以便在2010年1月1日这一天进行选择。

古德曼原来的例子牵涉“grue”（绿蓝）和“bleen”（蓝绿）这两个古怪的颜色术语，通常被称为绿蓝—蓝绿悖论。* 一个物体是绿蓝的，如果它在2010年之前是绿的，或者在此之后是蓝的。蓝绿被类似地定义，古德曼强调说，不管我们对所有的祖母绿是绿的具有什么证据，这些证据也是所有的祖母绿是绿蓝的证据。然而，绿蓝—蓝绿之类的东西可以表明，实际上“蓝”和“绿”是些古怪的色彩词项，后者在2010年之前是绿蓝的，或者在此之后是蓝绿的，而前者在2010年之前是蓝绿的，或者在此之后是绿蓝的。当然，可以产生无限多的这种难题——共民党人和民共党人**（2010年可能是一个大变动年）——但是如何规避或克服它们还不完全清楚。

另一个饶有兴趣的悖论来自卡尔·亨普尔（Carl Hempel 1965）。我们可以方便地把他的“渡鸦”（“raven”）悖论（这么称呼是因为它通常用渡鸦为例来说明）阐明如下。假设我们想确证“所有渡鸦皆黑”这个陈述。我们出去寻找渡鸦，查看一下它们是不是黑的。我们相信，如果我们观察到足够多的黑色渡鸦的实例，我们将已经确证（不一定是结论性地证实）“所有渡鸦皆黑”这个陈述。但依据基本逻辑，“所有渡鸦皆黑”在逻辑上等价于“所有非黑的对象非渡鸦”。由于这两个陈述是等价的，所以确证一个陈述的任何观察也确证另一个陈述。但

---

* 这是古德曼自己生造出来的两个词，其解释与前类似。——译者

** “republicrats”和“democans”，是作者从“republicans”（共和党人）和“democrats”（民主党人）这两个词中生造出来的两个词。——译者

是，粉红色的火烈鸟、橙色的衬衫，以及黄绿色的灯盏都是非黑的物体的实例，因此它们倾向于确证“所有非黑的物体非渡鸦”这个陈述，从而也必定确证“所有渡鸦皆黑”这个陈述。这样，我们得到了这个古怪的见解：粉红色的火烈鸟、橙色的衬衫，以及黄绿色的灯盏的存在确证了“所有渡鸦皆黑”这个陈述！

问题出在哪儿呢？人们对此仍然不清楚。不过，我们应该得出两个要点。第一个是，只是收集一个陈述的实例并不足以确证它。第二个是，非渡鸦和非黑的物体比渡鸦和黑的物体数目更多。也许我们可以认为粉红色的火烈鸟、橙色的衬衫，以及黄绿色的灯盏确证(但是只是些许地)以上两个等价的陈述，但是其力量不及一只黑色的渡鸦所具有的确证力量。

同理，为了确证“所有国会议员都有语法问题”这个陈述，一个人可以出去寻找说合乎语法的语句的人们，查看一下他们是不是国会议员，从而给予这个陈述些微确证。不过，对这个陈述的更有结论性的确证将来自于参加国会听证会。

要一般地说什么时候一个观察确证(再次申明，不一定是结论性地证实)一个陈述是困难的。亨普尔考察了确证的概念或许指望要满足的一些条件。两个明显的条件似乎是这样的：(1)如果一个观察 o 确证一个陈述 h，而 h 蕴涵另一个陈述 k，那么 o 确证 k；(2)如果一个观察 o 确证一个陈述 k，而另一个陈述 h 蕴涵 k，那么 o 确证 h。

但是，从(1)和(2)我们可以作出如下推导：令 $h=$ 相对论，$k=$ 恒温器高于 80 华氏度。那么，房间里是热的倾向于确证 k(按照对确证的任何直观理解)，因此，通过(2)倾向于确证这个复合陈述(h 和 k)(用符号表示，即：$h \wedge k$)，由于 $h \wedge k$ 蕴涵 k。因此，通过(1)，h 被确证，由于 $h \wedge k$ 蕴涵 h。因此我们推断说，房间里是热的确证了相对论！ 显然有些东西对(1)和(2)一起出了错。 (2)似乎尤其可疑，但是(2)的某个(弱化的)变种肯定经常被使用，甚至于在日常的科学实践中是必要的。 甚至(1)并不总是这样。

让我们考察最后一个怪异现象。 自从柏拉图以来，许多哲学家已经把知识看作得到辩护的真信念(true belief)。 一个主体 S 据说知道一个命题 P，如果(a) P 是真的；(b) S 相信 P 是真的；(c) S 在相信 P 是真的上得到辩护。 爱德蒙 · L · 盖蒂尔(Edmund L. Gettier)已经表明(1963)，这三个古老的条件不足于确保知识。

为了表明这一点，假设乔治和玛莎是低斯罗波维亚州立大学(Lower Slobovia State University)的某个职位的申请者。 进一步假设乔治对下列复合命题有着强有力的证据：

(1) 玛莎是将被雇用的那个人，玛莎今天早上头发不整。

乔治对(1)的证据或许是这样的：系主任告诉他，玛莎的专长，不像乔治的专长，是这个系一直在寻找的东西。 进一步，他可以看到，即使玛莎头发不整，系主任和她早就确立一种融洽的关系；另一方面，系主任和他说不上几句话，便匆匆忙忙地把他打发出办公室，嘟嘟囔囔地对秘书说了一些听起来像是不友善的话，引得秘书发出一阵嘲笑声。

命题(1)意味着：

(2) 得到这个工作的人头发不整。

乔治看到(1)意味着(2)，因此在(1)的基础上接受(2)；而对(1)，我们已经看到，他有着强有力的证据。 显然，乔治在相信(2)是真的上得到了辩护。

迄今一切顺利。 但是，假设乔治自己不知道正是他而不是玛莎将得到这个工作。（想象一下这个系主任有比较古怪的心理。）乔治自己也不知道，他的头发被电梯中的风扇吹皱，使得他额前的一绺头发往上翘起来。因此，命题(2)是真的，即使把它推导出来的(1)是假的。现在所有命题都是真的：(a)(2)是真的；(b)乔治相信(2)是真的；(c)乔治在相信(2)是真的上得到辩护。但是，相当清楚的是，乔治并不**知道**(2)，因为(2)是由于乔治自己头发不整而为真，可对此乔治一无所知。因此，得到辩护的真信念并不构成知识。

如果得到辩护的真信念并不构成知识，那么问题依旧是：什么东西构成知识？哲学家弗雷德·德雷斯克(Fred Dretske)和罗伯特·诺齐克对这个问题给出了一个回答，它涉及虚拟条件句或反事实条件句的概念。他们指出：S知道P，如果(a) P是真的；(b) S相信P；(c)要是P不是真的，S就不会相信P；(d)要是P是真的（但其他次要的东西有所不同），S仍然会相信P。例如，用这些标准来衡量，乔治并不知道"得到这个工作的人头发不整。"要是这个命题不是真的，比如说，乔治的头发不被电梯中的风扇偶然吹皱，但是他仍然得到这个工作，那么乔治仍然会相信这个命题。因此条件(c)得不到满足，我们不能说乔治知道这个命题。[条件(d)处理其他相关的困难。]

由于这四个条件（我们可以论证）对于知识来说是充分的，且由于这样的虚拟条件句和反事实条件句在科学定律（以及像"可能世界"这样的概念）的分析中也是有帮助的，为什么不干脆宣称战争已经结束，宣告这些问题已经得到了解决呢？对于许多哲学家来说，原因就在于对这些条件句的分析至少像它们旨在澄清的概念一样成问题。

真理、半真理和统计学

本杰明·迪斯雷利(Benjamin Disraeli)杜撰了"谎言、该死的谎言和统计学”这个短语，这个短语(以及与之相伴随的情感)已经延续下来，虽然我更喜欢“真理、半真理和统计学”。不管怎样，甚至统计学的相对简单的应用也能够引起问题，更不用提与某些东西相联系的恐怖了，比如说，经常被错误地解释的 SPSS 的计算机软件(Statistical Programs for the Social Sciences，即供社会科学的统计程序)。

概率和统计学，就像几何学和一般而论的数学一样，因为两种情趣而流行：纯粹的和应用的。纯粹概率论是一种形式演算，其基本词项未经解释，其公理既不是真的也不是假的。这些公理原来来自于对“概率”、“事件”和“随机样本”这些词项的现实解释，而且因为这样的解释而变得有意义。应用概率和统计的问题经常不是出现在形式数学处理本身当中，而是出现在应用的合适性、解释的有效性，以及实际上这整个事业的“合理性”当中。后一个活动超出了数学，进入常识和科学哲学那有时候黑暗的王国(蓝绿—绿蓝、渡鸦，等等)。虽然 1 加 1 等于 2，但一杯水加一杯爆米花并不等于两杯混合物。数学是精美的，可应用不是。

玛莎：乔治，你是怎么得到这块东西的密度的？

乔治：哦，它大约重 17 磅，有大约 29 立方英寸的体积，所以我估计它的密度是每立方英寸 0.586 206 895 51 磅。这个计算器真棒。

鲁思(Babe Ruth)和格里克(Lou Gehrig)为纽约扬基队(New York Yankees)打棒球。假设在这个赛季的前半段鲁思比格里克有更高的平均击球率。进一步假设在这个赛季的后半段鲁思继续比格里克有更高的平均击球率。不过，格里克在这整个赛季中有可能比鲁思有更高的平均击球率吗？我已经用了一段话来问这个问题，这个事实表明答案是肯定的，但是何以如此呢？

或许是以这种方式发生的：在前半个赛季，鲁思的平均击球率是0.344，在160次的击球中击中55次，而格里克同时的平均击球率是0.342，在240次的击球中击中82次。在后半个赛季，鲁思的平均击球率是0.250，在240次的击球中击中60次，而格里克的平均击球率是0.238，在160次的击球中击中38次。不过，在整个赛季中，格里克的平均击球率是0.300，高于鲁思的平均击球率0.287。

因此，甚至三年级的平均概念都可以被误用，更不用提(正如我已经指出的)像复杂的多维方差分析这样的东西了。

如果沃尔多来自于一个国家 x，该国30%的公民具有某种特征，那么，如果我们对沃尔多的其他方面一无所知，假设沃尔多有30%的概率拥有那个特征看来是合理的。如果我们后来发现沃尔多属于某个少数民族，在由 x、y 和 z 这三个国家组成的区域，该民族80%的成员具有我们提到的那个特征，那么现在沃尔多拥有这个特征的概率是多少呢？如果我们随后确定，沃尔多属于 x 的一个全国性组织，而该组织中仅15%的成员具有这个特征，那么现在沃尔多拥有这个特征的概率又是多少呢？具有所有这些信息，对于沃尔多拥有这个特征的概率，我们能够作出什么结论呢？

维特根斯坦在其著作中提到一个人，此人对他在报上读到的一条新闻不甚确信，因此买了100份同样的报纸，以使自己安心于那条新闻的真实性。鉴于新闻界人士和媒体就是这样抄来抄去的，检查几家不同的报纸或期刊并不显得更明智。

新闻发布：在一些国家，人工流产变得如此流行，以至于等待做一次流产的时间迅速变长。专家们预言说，按照这个速度，不久做一次人工流产需要等待一年。

把“趋势”线性地投射到未来，经常就像这种“新闻发布”一样可靠。

大多数汽车事故是在家门口发生的，可见家门口是最危险的驾车场所。

当驾驶速度超过每小时95英里时，事故很少发生，所以显而易见，这样开快车其实很安全。

如果从一个电话簿中随机地选出23个人，那么，至少两个人将有同一天生日的概率是0.5(机遇大约是50对50)。这是一个令人惊讶的、几乎有悖于直观的事实。近来，有人试图在一个电视访谈节目中解释这种怪异，可那个满腹疑云的主持人认为这个人必定错了，于是就问在场的观众，他们当中有多少人有着同一天生日，比如说3月19日。大约150名观众中没有人应答，主持人感到自己得到了证实，而客人则觉得难堪。实际上，主持人提出的问题跟客人一直在讨论的问题截然不同。结果表明，在某个随机地选择出来的小组中，为了使得至少其中一个成员有任何**特定的**生日(比如说3月19日)的概率是0.5，这个小组至少得有253人；而为了使得有**某个**共同生日的概率是0.5，仅需要一个23人的小组。

这是一个非常普遍的现象的一个实例。即使某种类型的任何特定事件极其罕见，可那种类型的某个事件将发生却一点也不罕见。科普作家马丁·加德纳(Martin Gardner)用一个计算机的微调控制器的故事阐明了这一点。这个微调控制器都同样可能地停留在字母表中26个字母的任何一个地方。如果这个微调控制器旋转100次，结果被记录下来，那么任何**特定的**三字母词[比如说，"猫"(cat)]出现的概率相当小，而**某个**三字母词出现的概率则相当大。

哥伦布(Columbus)在1492年发现了新大陆，而他的意大利同乡恩里科·费米(Enrico Fermi)则在1942年发现了原子世界。约翰·肯尼迪(John Kennedy)于1960年当选为总统，在任时被谋杀，他有一个秘书名叫林肯；而亚伯拉罕·林肯(Abraham Lincoln)于1860年当选总统，在任时被谋杀，却有一个名叫肯尼迪的秘书。正如加德纳注意到的，按照顺序取九大行星——水星(Mercury)、金星(Venus)、地球(Earth)、火星(Mars)、木星(Jupiter)、土星(Saturn)、天王星(Uranus)、海王星(Neptune)、冥王星(Pluto)* ——的第一个字母形成的词是MVEMJSUNP，而按照月份形成的词则是JFMAMJ-JASOND。** 在每一种情形中，我们有一个不可能发生的事件，当它的类型几乎不可能精确地指定时，它极有可能有某些实

* 冥王星于2006年8月24日被定义为"矮行星"。——译者

** 这两个词中分别夹杂着"太阳"和"伊阿宋"字样。——译者

例。这与进化有着某些相关性。一个特定的分支应该已经以一种特定的方式进化出来是相当不或然的。某个特定的分支应该已经以像这样的方式进化出来则不是那么不或然。

抛一枚硬币两次，至少有一次正面向上的概率是0.75。明天下雨的可能性是75%。我认为乔治娶与不娶玛莎的可能性是3比1。"概率=0.75"在以上每一种情形中意味着同样的东西吗？先前关于不可能的巧合的讨论或许可以用格言总结为："没有任何不或然的事件将发生，这是非常不或然的。"在这个陈述中，"不或然的"(improbable)的两个用法是同样的吗？

迪昂、庞加莱，以及伯可罗思－凯特斯恺尔的食谱

甚至在最好的情形中，科学推理的经典准则的应用也并不总是直截了当的。如果某个假说 H 蕴涵着某个事件 I，或者使之更可能，那么假如那个事件 I 发生，则 H 得到加强；但是假如事件 I 并不发生，则 H 被削弱或反驳。渡鸦悖论和确认悖论表明，I 的发生(比如说，看见粉红色火烈鸟)不一定加强 H(所有渡鸦皆黑这个陈述)。另一方面，法国哲学家皮埃尔·迪昂(Pierre Duhem)表明，I 不发生不一定反驳或削弱 H。

为了看明这一点，考虑一下伯可罗思－凯特斯恺尔(Poconos-Catskill)的食谱。伯可罗思大夫(来自宾夕法尼亚州的一位希腊医生)和凯特斯恺尔大夫(来自纽约的一位爱尔兰医生)为每顿饭规定了如下食谱：2份大的帕斯提索(pastitsio，一盘由肉、干酪和面条组成的主食)，3片希腊果仁蜜饼，4杯啤酒。他们保证说，在采用这个食

谱一周后，一个人将减肥至少6磅。乔治和玛莎按照这个食谱进食，在一周内增加了9磅。如果I（减肥至少6磅）并不发生，伯可罗思大夫和凯特斯恺尔大夫应该取消他们的假说H（这个食谱是有效的）吗？当然不。他们可以认为，失败的是许多其他的（没有明确阐明的）辅助假说（auxiliary hypotheses），而不是他们宠爱的假说H——伯可罗思-凯特斯恺尔的食谱。也许帕斯提索放盐太多，或者也许放盐不够，也许乔治和玛莎在这个星期每天睡14个小时，或者也许肉没有被正确地切开。

因此，I不发生本身决不可能反驳H，因为总是会有替罪羊——有待责备的辅助假说。正在被检验的决不只是“H蕴涵I”，而是“H和H_1和H_2和H_3和……蕴涵I”。这里的省略号表示有无限多的辅助假说。因此，I不发生只是表明要么H要么（至少）一个辅助假说必定是假的，但H不一定是假的。

威拉德·范·奥曼·蒯因（Willard Van Orman Quine）甚至比迪昂走得更远，认为经验决不强使我们拒斥个别陈述。他把科学设想成由陈述、程序和只是在其边缘与实在相接触的形式系统构成的一个完整的网络。世界对这个网络的任何冲击是贯穿这个网络而分布的，没有任何部分（甚至逻辑）绝对免于那个冲击，也没有任何部分在那个冲击面前独自首当其冲。在这整个网络中，总是可以进行调整来容纳经验，但是没有唯一的方式进行这些调整：简单性、有效性（efficiency）和传统是一个好网络（科学）的一些标准。因此，我们可以认可伯可罗思-凯特斯恺尔的食谱是一个有效的减肥计划（就像商人们经常这样解释的），但是在网络的其余部分，我们将不得不作出相当剧烈的改变。

类似地，在物理学中，如果一个人不管出于什么理由想要把某个古怪的陈述接受为真的，他就可以这样做：通过恰当而激烈地改变其他陈述，改变对某些物理术语的解释，等等。这与科学哲学中的一个传统问题相关，即在何处引出经验物理学(empirical physics)和先验几何学(a priori geometry)之间的界限。如果一个人强调说，几何学必须是欧几里得几何学(Euclidean geomtry)，那么他的物理学(比如说在某些天文学语境中)将变得相当古怪，具有不可能通过传统的理论标准而变得有意义的加速度和力。对此的一个取舍，是要转变到一种合适的非欧几里得几何学(non-Euclidean geometry)，这样一种几何学使得这种物理学更简单，但它本身起先看起来是相当反直观的。使用哪种几何学—物理学的组合取决于一个人的目的，而且在某种程度上是[正如庞加莱(1913)首先注意到的]一个约定(convention)问题。

当然，不仅仅是物理学，而且任何复杂的现象，尤其是涉及人类相互作用的现象，允许有许多不同的和不相容的解释，每个解释都与实在相一致。比如说，对于由一位丈夫和一位妻子所接受的任何特定的婚姻，人们会有不同的“理论”，并且经常显示出这种不可比性(incomparability)。下列苏非派的故事说明了这一点，该故事节选自马苏德·法扎尔德(*Massud Farzad*)* 的《笑的另一种方式》(*Another Way of Laugher*)：

* 这位作者在正文里为 Masud Farzan，在参考书目中为 Farzan, Massud，在索引中却为 Farzad, Masud。——译者

既然一个罗马学者正在访问帖木儿(Timur)的宫廷，皇帝便要求毛拉*与这位学者准备一场斗智。

毛拉把一些内容虚构的但是耸人听闻的书堆积在其毛驴的背上，比如《万有分叉理论》(*The Theory of Universal Bifurcants*)、《腐蚀与文明》(*Erosion and Civilization*)、《宽容纯粹性批判》(*A Critique of Tolerant Purity*)和《精神瘫痪的社会起源》(*Social Origins of Mental De-activation*)。

在较量的这一天，毛拉与他的毛驴和书一块出现在宫廷上。他的土生土长的机智制服了这位罗马学者，罗马学者最终决定检验毛拉对理论问题的知识。于是，罗马学者举起了一根手指。

毛拉以两根手指回应。

罗马学者举起三根手指。

毛拉以四根手指回应。

罗马学者显示他的整个手掌，毛拉以紧握的拳头回应。

然后，罗马学者打开其公事包，取出一个鸡蛋。毛拉以从自己口袋中掏出一个洋葱回应。

罗马人问道："你的证据是什么呢？"

毛拉回答："《万有分叉理论》、《宽容纯粹性批判》，等等。"

当罗马人嘟哝他从未听说过这些书名时，毛拉答道："你当然没有听说过。瞅瞅你就明白还有几百本书你没读过呢。"

罗马人瞥了对手一眼，如此深刻的印象令他折服。由于没有人理解他们之间的交锋，事后，在吃完水果糕点后，皇帝倾着身子问这位罗马学者其中的奥义。

---

* 毛拉(Mulla)是伊斯兰教国家对老师、先生和学者的尊称。——译者

“您的毛拉是个了不起的人，”罗马人解释道。“当我举起一只手指时，我的意思是只有一个上帝，他则举起两根手指，示意说是他(上帝)创造了天和地。我举起三根手指，意味着人的孕育—生—死的循环，对此毛拉通过出示四根手指来回答，指出肉体是由四个元素——土，空气，水和火——构成的。”

“那么，鸡蛋和洋葱又是怎么回事呢？”皇帝进一步问道。

“鸡蛋象征着地球(蛋黄)被天空环绕着。毛拉掏出一个洋葱，表明环绕地球的天空的层数。我问他什么证据使他认为天空的层数与洋葱表皮的层数一样多，他则用那些我一无所知的学术著作来支持他的主张。您的毛拉确实是一个博学多识的人。”然后，罗马人垂头丧气地离开了。

皇帝接着就这场辩论询问了毛拉。他回答道：“那太容易了，陛下。当他举起一根手指蔑视我时，我举起两根手指，意味着我想把他的眼睛戳出来。当他举起三根手指，我认为那表明他想踢我三下时，我以要踢他四下来回报他的威胁。他的整个手掌当然意味着煽我一耳光，对此我以攥紧拳头回应。看到我严阵以待，他开始友好起来，向我奉献一个鸡蛋，所以我还他一个洋葱。”

毛拉或罗马学者是否为“正确的”(right)，是一个约定或传统的问题。正如已经指出的，约定论(conventionalism)持有这样的观点：科学定律在很大程度上是伪装的约定，那些约定反映了出于某个理由决定采纳对一个现象的各个可能的描述之一。回到物理学，在一些情形中，问一个事件是否领先于另一个事件，其意义就像问纽约是否确实在芝加哥的右边(right)。

乔治·卡林(George Carlin)曾经列举做某件事的6个理由：1，b，III，四，E，vi。符号虽然明显地是一个约定的问题，但也至关重要。想象一下，如果没有好的符号，你甚至无法解释某些初等数学，例如二次公式。

如果毛拉和罗马学者的故事看起来太牵强，想象一位现代物理学家，他试图向一个澳大利亚原住民说明中微子(neutrino)没有质量，或者解释一下夸克(quark)和黑洞(black hole)的性质，他该如何是好？

还原论、可错论和机会主义

当然，除了约定论之外，在科学哲学中还有许多其他的“主义”，其中一些至少应该提到。这些主义中最共同的是机会主义(opportunism)，下面这个众所周知的故事例证了这一点：

玛莎：你在路灯下做什么，乔治？

乔治：我在找我的车钥匙。

玛莎：可你是在灌木丛附近把它们弄丢的。

乔治：我知道，但是这里光线比较好。

利奥·罗斯滕(1968)的下列故事表达了同样的思想，也涉及与本书的编排方式和内容相关的一些东西：

一个著名的拉比* 被一个崇拜他的学生问询:“对任何论题,您怎么总是有一个完美的比喻?”

这个拉比微笑着说:“我想用一个比喻来回答。”接着他讲了这个故事:

从前沙皇的军队中有一个上尉,他在骑马穿过一个犹太人小镇时,注意到一个谷仓边上的100个白色圆圈。他发现每个圆圈的中心有一个子弹孔,不禁大吃一惊,于是便停下来,就所有这些牛眼睛般的弹孔问一个路过的人。

这个人叹息道:“哦,那是鞋匠的儿子西皮瑟尔(Shepsel)干的。他这人有点儿古怪。”

“这我并不关心。我想知道,是谁有这么好的枪法……”

“你不明白,”这个人打断道。“你看,西皮瑟尔先开枪,然后再画这个白色的圆圈。”

拉比微笑着:“我就是这样的路数。我并不寻找一个比喻来适应论题。我只引进我有比喻的论题。”

行为主义(Behaviorism)是社会科学哲学中的一个学说,大致说来,该学说认为心理机能可以按照显示出来的行为来定义。这个学说,加上对统计形式体系(statistical formalism)的愚笨无知的尊重,已经导致了大量如下形式的琐碎浅薄的研究的发表:如果性质 x(比

---

* 拉比(rabbi)一般指犹太教中的法学博士,尤指被任命处理法律与教仪等问题的犹太教士;另外也有师傅、先生的意思。——译者

如说幽默）以这种方式被操作上定义（一本漫画书所引发的吃吃的笑声数目），性质 y（比如说自足）以这种方式被操作上定义（在某个“自足问卷”上作出肯定回答的数目），那么在 x 和 y 之间的相关系数是 0.621（至少对乔治教授上午八点半的心理学课上的学生）。

厌倦的存在表明行为主义是错误的，但是推导的细节让我感到厌倦。

行为主义是还原论（reductionism）的一个类型，只要任何学说声称要把看起来更加精致复杂的东西还原到不是那么精致复杂的东西，它就是还原论的。当然，有时这是可能的；比如说，大部分遗传学能够被还原到分子生物学，热力学的一些部分能够被还原到统计力学。有时这样的还原不是可能的，至少不是以任何自然的方式。

例如，考虑钟或者开罐头器。（我想知道先前这个 11 个字的语句是否在印出来之前就出现了？）钟是记时间的任何设施，开罐头器是用来开罐头的任何设施。以纯粹的物理术语来刻画这些设施，把对钟和开罐头器的谈论还原到物理学的语言，将是一种无望的（虽然在理论上是可能的）努力。想象一下，什么类型的物理描述能够包含所有的日晷、落地大摆钟、手表、数码钟等等，而且只是包含这些东西呢？任何这样的纯粹物理描述将是特设的物理陈述的大杂烩，因此无助于阐明钟或开罐头器的目的或特征。

反过来，就像用纯粹物理术语来描述钟和开罐头器是无望的（虽然在理论上是可能的）一样，排除理论物理的术语像“中微子”、“共价键”、“势能”，用一堆毫无系统的普通的、日常的观察陈述（这些陈述包含“红的”、“冷的”和“硬的”这样的词项）来取代它们也是无望的（虽然在理论上是可能的）。如果这被实施，科学理论那种进行预测和组织的力量就会丧失殆尽。卡尔·亨普尔（1963）已经明确地表明，通过使用克雷格定理（Craig's theorem，数理逻辑的一个众所周知的结果），如何使科学摆脱理论词项（从而削弱它）。不过，出于一些理由，人们还没有听说这意味着物理学还原到“常识理论”。

在《自私的基因》（*The Selfish Gene*）一书中，理查德·道金斯（Richard Dawkins）似乎论证说，我们的基因通过用一种确保自己幸存的方式来塑造我们的行动，以便让自己保持不朽。按照这个社会生物学观点，人类行为和文化基本上是由我们基因的自我维护的欲望来决定的。这种还原论说明当然需要作些增补。请注意，比如说，具有本质上同样的基因库的不同文化产生迥然相异的行为。还请注意，我们能够把还原推得更远。人们或许论证说，自私的不是我们的基因，而是基因中一个特定的化学键。我们的行动毕竟不是由我们的基因决定的，而是由在它们之中一个力图使自己不朽的化学键决定的。我是过于简化了，但这就是还原论论点通常向我们传达出来的东西。

x 能够用 y 来说明，y 并不具有性质 P。所以 x 并不具有性质 P。

草是绿色的，天空是蓝色的，人的面孔是肉色的，所有这些色彩都可以用原子的性质（比如说频率等）来加以说明。但是，原子本身并不具有色彩。所以，草不是绿色的，天空不是蓝色的，人的面孔不是肉色的。

类似的论证已经被用来表明：价值、伦理、理想，甚至意图和信念，都是幻觉。

有一个故事，说的是一个伦敦人整天四处游荡，把他注意到的每样东西都记录在一系列笔记本中。他指示说，等他死后，这些观察笔记应该被送到皇家学会，以使那里的科学家能够用它们来构造一套新的科学理论。

虽然一些人仍然认为科学是以这种方式发展起来的（比如说，考虑某种行为主义的研究），但大多数人认识到，科学研究首先需要一个焦点或问题；接着是假定和假说；然后才是新观察。科学声明应该得到支持（至少可以得到支持）；而且，正如英国哲学家卡尔·波普尔（Karl Popper）强调的，它们必须能够被表明是假的。它们必须是可证伪的（falsifible）或可错的（fallible）——至少在原则上。

当一架飞机坠毁时，许多人会说，这类事情必有三。这个信念就像它被陈述的那样完全不可证伪。即使下一次坠毁在两个月之后出现在秘鲁，第三次坠毁涉及一架在阿肯色州一片玉米地中的私人飞机，这些人仍然可以认为，对于航空故障他们有某些特殊的见识，或者更一般地说，他们认为“每个人”都具有这种知识。类似的事皆可如是说："凡上帝所愿，皆会发生。"

波普尔对马克思主义和弗洛伊德学说提出了批评，其理由是它们太像上述的飞机坠毁学说——这就是说，它们不是可证伪的，因此不是真正的科学。他考虑了下述几个(论证)步骤：一个马克思主义者预言，"统治阶级"将以如此这般的剥削方式响应某个危机；当不是这样时，就解释说那是因为统治阶级鬼鬼祟祟地共同选择了某个政策。类似地，一个正统的精神分析学家或许会预言某种类型的神经病行为，但当他的病人并不以这种方式行动，而是以相反的方式行动时，(就解释说)这要归因于一种"反应形成"。波普尔并没有这样说，但他暗示，弗洛伊德(Freud)是个骗子，而卡尔·马克思(Karl Marx)并不比格劳乔更有意义。

更一般地说，波普尔是在反对历史主义(historicism)。这个学说认为，存在着制约历史进程，并且允许长期的社会预测的不变的"发展规律"。对波普尔的见解的一个论证是，对社会发展具有显著影响的科学发展本身就不是可预测的。某个人怎么能够预言笛卡儿对解析几何的发现(或发明，如果你喜欢)，或者爱因斯坦对相对论的发现(或发明)呢？想象16(或19)世纪的一位"未来学家"预测到解析几何(或相对论)的发展：如果这样一个预言有任何详细的内容，那么它将在某种意义上已经被实现，因此根本就不是一个预言。

不像波普尔的可证伪性(falsifiability)思想那样为人所熟知的，是他对随机性(randomness)概念的关注，这是下一节的论题。

随机性和贝里任务

乔治：沃尔多的电话号码是什么？我总是记不住。

玛莎：让我想想。古德曼夫妇(Goodmans)有2个儿子，弗兰克尔夫妇(Frankels)有 3 个儿子，帕索夫妇(Passows)有 7 条狗(虽然默特尔可能在怀孕)，杨夫妇(Youngs)有 2 个孩子来自于他的第一次婚姻，1 个孩子来自于他太太的第一次婚姻，3 个孩子来自于他们自己的婚姻，斯特姆夫妇(Sturms)总共有 9 只宠物。沃尔多的电话号码是 237 - 2139。

乔治：多谢。好在我知道区码。

(1) 001001001001001001001001001001001001001001……

(2) 1011011011011011011011011011011011011011010……

(3) 1000101101110110001010110001011110100010111010……

第一个序列中的 0 和 1 有可能被有序地排列或模式化，最后一个序列中的 0 和 1 是随机的或无模式的，而第二个序列则界于这二者之间，为什么会是这样呢？试图回答这个简单的问题将导致随机性的一个定义，导致科学哲学中的一个重要见识，以及对哥德尔不完全性定理的一个替代性证明。

回到这个问题，请注意，第一个序列有一个易于表示的模式：两个 0，然后一个 1，无限重复。第三个序列没有这样的模式；而在第二个序列中，0 总是要么与一个 1，要么与两个 1 交替，但是一个 1 或两个 1 的出现似乎是无模式的。

以这样的例子为起点，美国计算机科学家格里高利·蔡汀(Gregory Chaitin)和俄国数学家 A·N·柯尔莫哥洛夫(A. N. Kolmogorov)，把由 0 和 1 组成的一个序列的**复杂性**(complexity)定义为将该序列产生出来的**最短的**计算机程序。为了一致起见，假设这个程序的语言被编码成为 0 和 1 的一个序列，以致这个程序本身能够被看作由 0 和 1 组成的一个序列。因此，我们可以把一个程序的长度直接看作在它之中的 0 和 1 的数目。如果这个程序是产生一个给定序列的最短程序，那么该程序的长度（用比特，即 0 或 1）就是那个给定序列的复杂性。

产生以上第一个序列的一个程序，就是用机器语言对下列方法的一个翻译：两个 0，然后一个 1，重复 x 次。与具有（比如说）10 万亿比特的序列的长度相比，这个程序应该是相当短的；因此这个序列只是有（比如说）100 万比特的复杂性，即使它很长。

产生第二个序列的一个程序将是下列方法的一个翻译：一个 0 与要么一个 1 要么两个 1 交替，1 的模式是一-二-一-一-二-二-二-一-一-二-一-一-一-二-一-二-一-一……。如果第二个序列非常长，比如说 10 万亿比特，而且这个模式继续，那么产生它的任何程序将不得不相当长，以便得出那些进行插入的数字 1 的模式。还有，这种类型的最短的程序，本身被看作由 0 和 1 组成的一个序列，将远远短于它正在产生的这个 10 万亿比特的序列。因此，这个序列的复杂性或许只是（比如说）5 万亿。

就第三个序列而论，情况有些不同。让我们假设这个序列在它的整个 10 万亿比特的长度上是如此无序，以至于我们可以用来产生它的任何程序都不会短于这个序列本身。在这种情况下，程序所能做的一切只是列举这个序列中的比特，因此就没有办法缩短这个程序。这样一个程序本身是用比特表示的，因此它至少像它被假设要产生的那个序列一样长，它的复杂性因此至少是 10 万亿比特。这个序列是随机的。

更形式地说，如果一个序列的复杂性（几乎）等同于其长度，这就是说，如果能够产生它的最短程序具有与这个序列本身（几乎）同样的长度，那么我们可以把这个序列定义为**随机的**(random)。如果一个序列的复杂性小于其长度，那么它不是随机的。按照这个论述，序列(3)是随机的，而序列(1)和(2)则不是。这些定义的两个重要结论是：(a)如果两个不同长度的序列是随机的，那么较长的一个更复杂；(b)对任何给定的整数 x，大多数具有 x 长度比特的序列是随机的；对于任何给定长度的序列，只是相对稀少的一些具有低的复杂性。

可理解性或精确性：把这二者结合起来是不可能的。

——伯特兰·罗素

人们已经试图更普遍地应用复杂性和随机性这些形式概念。例如，A·索罗莫洛夫(A. Solomonoff)建立了一个理论，该理论认为一个科学家的观察能够被编码成为由 0 和 1 组成的一个序列。这样，科学的目标就是要发现能够产生(推导、预测)这些观察的短程序(算法、方法)。按照这种说法，这样一种程序将是一个科学理论：相对于它所预测的现象，这个程序越短，它就越有力。随机的事件将是不可预测的，除了在一个非常琐碎的意义上由径直列举它们的一个程序来预测。

当然，在试图把这些技术性概念的使用扩展到更普遍的语境上，存在着严重的问题。这些由 0 和 1 组成的序列首先从何而来呢？观察怎么被精确地编码成为一个比特序列呢？或者预测序列又怎么被解码呢？它们与其他有意义的范畴具有什么关系呢？（回想一下处于匆忙之中的体育播音员："现在是棒球运动的比分——6 比 2，4 比

1，8 比 5，7 比 3，5 比 0，好了，14 比 12。”）要把这些序列与产生和使用它们的方式区分开来，把它们与导致它们的发现，并使它们具有说明意义的人类利益和价值区分开来，是不可能的。没有这个起着支持作用的科学和文化背景，这些序列将变得毫无意义。

维特根斯坦曾经评注道：“牛顿力学**能够**被用来描述这个世界，但这个事实并没有告诉我们关于这个世界的任何东西。不过，它的确告诉我们一些东西：牛顿力学能够被用来**以我们事实上在使用它的这种方式**描述这个世界。”当科学理论被设想为产生预测的程序时，也可以对科学理论提出同样的说法：我们事实上在使用它们的这种方式**就是**它们的科学内容。把科学理论看作产生预测的程序，这个观点的简单性和精密性诱发了还原主义倾向，并因此产生了认为科学只不过是研究这种程序的欲望。然而，不论是这种倾向还是这个欲望都应该受到抵制。

哦，要是人的影响竟然超越了他所领会的东西，
还用天堂来干什么！

——罗伯特 · 伯朗宁(Robert Browning)

复杂性和随机性的形式概念，虽然遭到了以上讨论的限制，但经常富于启发性，并且也是有用的。蔡汀已经利用这些概念以及贝里悖论(Berry paradox)的一个经过处理的变种，来对哥德尔第一不完全性定理给出一个替代性证明。由于这个证明从一个不同的角度阐明了这个著名的结果，我们把它概述如下。

贝里悖论首先由罗素在 1908 年发表，但它源于一个名叫贝里的

先生。这个悖论要求一个人考虑下列任务："发现最小的整数，而为了得以指定，这个数要求比在该语句中具有的词更多的词。"这样的例子包括我头上的头发数目，一个鲁比克魔方(Rubik cube)上的不同状态的数目，以每十年多少厘米的方式来计算的光速。通过使用少于这个给定语句中的词的数目，每个这样的语句便指定了一个特定的整数。一旦我们认识到这一点，这项任务的悖论性就变得很清楚了：这个贝里语句指定了一个特定的整数，但这个整数却是该语句本身(按照定义)因为包含了太少的词而不能指定的。

在一个特定的自然语言(英语)中产生一个悖论的东西，能够被更改来产生形式系统中的一个陈述，这个陈述本身不能被证明，它的否定也不能被证明。考虑算术的一个形式公理系统，它是用包含加、乘等符号的某个形式语言来表示的。这个系统——公式、算术公理、推理规则——能够被编码成为由 0 和 1 组成的一个序列，一个其长度(用比特计算)是 $L(P)$ 的二进制程序 P。然后，我们可以设想一台执行这个程序、适时从那个程序产生该系统的定理(当然，用比特编码)的计算机。略微不同地说，这个程序 P 产生由 0 和 1 组成的序列，我们把这些序列解释为算术陈述(这个形式系统已经证明的陈述)的翻译。

现在我们问：这个系统是不是完全的。对每个算术陈述 A，要么 A 要么它的否定 $\sim A$ 将总是一个定理吗？(与要么 A 要么 $\sim A$ 相联系的序列最终是由这台计算机产生的吗？)

为了明白对这个问题的回答是否定的，我们对贝里语句作出一个关键的更改：我们用"能够被证明要求"这样一个可以用 0 和 1 来表示的对象层次概念来取代"要求"这样一个用英语来表示的元层次概念。(我们假设足够的算术被包括在原来的形式系统中，这样通过涉及0和1的合理代码，我们就可以在这个系统中“谈论”可证性和复杂性之类的概念。）

回想一下，由0和1组成的一个序列的复杂性是产生这个序列所需的最短程序。我们发现，甚至这项经过更改的贝里任务是不可能的，虽然它并不诱发悖论：“发现——这就是说，产生——一个比特序列，而该序列能被证明具有比该程序中的比特数目更大的复杂性。”（再次假设足够的算术被包括在原来的形式系统中，这样通过某种类型的编码，就可以为“在该程序中”这一自我指称留下余地。）该程序不可能产生这样一个序列，因为算术程序 P 产生的任何序列，据复杂性定义，必定具有比 P 本身的复杂性更小的复杂性。换句话说，对于由 P 产生（证明）的序列（算术陈述的翻译）的复杂性，存在着一个极限。这个极限，据复杂性定义，就是对 P 进行编码的最短程序的长度 $L(P')$。

如果产生一个序列的任何程序的长度至少与该序列本身一样长，那么这个序列是随机的。由于一个序列是随机的，我们能够进一步推断说，一个形式系统能够产生一个随机序列，只有当该序列不比对这个系统进行编码的序列更复杂。这就是说，算术系统 P 能够产生的唯一随机序列必然不如 P 复杂。

因此，我们最终达到了哥德尔许诺我们的这些不可判定的陈述（undecidable statements）。让 g 是由0和1组成的一个随机序列，P 是由0和1组成的一个序列，但是 g 的复杂性比 P 的复杂性更大。这总是可能的，因为对每个整数 x，长度为 x 的大多数序列是随机的。那么，陈述 G：“g 是随机的”，在被恰当地编码为比特后，就不是由系统 P 来证明了。（请记住，“随机的”是按照“复杂性”来定义的，而“复杂性”是按照程序的长度来定义的，所有这些谈论都可以被翻译为算术陈述，然后通过代码被翻译为由0和1组成的序列。因此“g是随机的”这个陈述可以被翻译为由0和1组成的一个序列。）由于上面讨论的理由，P无法产生与“g是随机的”的翻译相对应的序列；这个序列太复杂。P也不能产生这样一个序列，它代表“g是随机的”的否定，因为g是随机的；由于P的公理是真的，推理规则维护真值，这样只是真的陈述能够被证明。因此，G既不能被证明也不能被否证。

这样，哥德尔定理能够被解释为任何形式算术系统的一个具有有限复杂性的序列，而这种限制就影响了机器程序和人类心智（human minds）。按照对哥德尔定理的这个解释，下面这种做法没有吸引力：以机器不可能“暂时离开自己”而走到元层次为理由，认为不可能得到实现，因此就不予以考虑。对“作为机器的心智”的后一种反驳，只是通过对哥德尔定理的更标准的证明，才在表面上看似合理。最后，蔡汀的证明表明，数学上的进步往往不是如此不同于在其他科学上的进步。人们不是去寻求新的事实，而是寻求新的、真的、独立的公理，它们的补充将使得相关的形式系统（或者与之相对应的由0和1组成的序列）更加复杂。

决定论和聪明的计算机

虽然可证伪性和可证实性［简称可检验性（testability）］是重要性质，但过分严格地解释这些术语，或者过分草率地拒斥（在任何解释下）任何不可检验的主张，都是不明智的。形而上学是不可检验的，但是，正如弗里德里希·魏斯曼（Friedrich Waissman）在面对一些狂热的逻辑实证主义者时所回答的：“相信形而上学是无意义的本身是无意义的。”

决定论(determinism)和非决定论(indeterminism)的形而上学学说在任何强的意义上一定不是可检验的。一个人怎么检验每个事件是被决定的，或者至少一个事件不是被决定的呢，**不管**“被决定的”意味着什么？当然，我们**可以**表述和反驳某些更强的更精确的论点。比如说，考虑可证明的决定论，这个论点认为，在一个合适的科学语言中的每个问题，都可以根据某些物理定律和数学定律，以某种方式被判定。按照哥德尔定理，这完全是假的，因为不完备性定理甚至影响到把算术包含在其形式化中的被形式化的物理理论。一位教条主义的决定论者仍然可以认为，对每个问题的回答是由“事态”所“决定”的，但是并非每一答案都可以被证明是来自给定的物理定律和数学理论。

考虑一台计算机，让我们称之为“IBM—赛博—007—无所不知—聪明绝顶”。假设把这个时代的最完备的科学知识、所有粒子的初始条件、精细的数学技巧和公式都(以某种合适的语言)编程输入这台计算机。进一步想象这台“无所不知”计算机只是回答“是或不是”的问题，它的输出设施是以这样一种方式被构造的：一个“是”的回答关掉一个与之连接在一起的灯泡，一个“不是”的回答则打开这个灯泡。如果一个人问这台令人印象深刻的机器一些有关外在世界的东西，它将(让我们假设)无瑕疵地回答。然而，如果一个人问它是否它的灯泡在一个小时内是亮的，“无所不知”就被难住了，无法以任何一种方式来回答。这个问题至少不是由它的程序的定律和公理来“决定的”(虽然一台旁观计算机或许能够回答这个问题)。

与“无所不知”计算机相关的是如下现象：在预言一个人将决定什么时，往往十分重要的是不要让这个人发现这个预言性的“信息”。给“信息”一词打上引号旨在表明，一旦这个特定类型的信息被传予这个人，它就将丧失其价值，变得陈旧。这个信息，当它或许是正确的和真实的时，不是普遍的。旁观者和这个进行决定的人（比较“无所不知”计算机）有相互补充的观点。正如D·M·麦凯（D. M. Mackay）已经写道：“对我们来说，我们的选择是逻辑上不确定的，直到我们作出它。对我们来说，选择不是一件要被观察或预言的事情，而是一个要被履行的行动。”

如下这一点是有启示的：在量子力学中，非决定论和主客体相互作用（subject-object interaction）也起着关键的作用，我们也有互补的观点这种现象。一位科学家或许知道一个粒子的位置，但那个知识不相容于对粒子的动量的知识，因为正如海森伯不确定性原理（Heisenberg uncertainty principle）所阐明的那样：决定一者的过程必然会对另一者产生影响。

统计定律早就见过世面，它们要么反映了我们对事物的无知，要么反映了事物的本质。用哲学的行话来说，它们或许要么反映了一个认知条件，要么反映了一个形而上学条件。就微观物理现象而言，量子力学针对后一个结论。在原子和亚原子事件中，有一个根本的和不可还原的或然方面；一些现象完全是随机的。这个微观物理非决定论会不会以某种方式通过人脑（或非人脑）的结构上的复杂性而“冒出来”，从而导致自由意志，仍然是一个未决的问题。

不管怎样，正如长的、随机的比特序列的数学存在(mathematical existence)在上一节中被用来确立哥德尔定理，因此表明可证决定论是假的一样，随机的亚原子事件的物理存在(physical existence)表明严格意义上的决定论是不可维持的。

有些人不愿意接受这个事实，他们像爱因斯坦那样反对说：“上帝并不掷骰子”，必定存在着某些“隐变量”(hidden variables)，如果我们已经知道它们的值，我们将会得到完全决定论的预言。但是，自我蕴涵的问题和观察，以及量子力学的事实表明，这在逻辑上和物理上是不可能的。贝尔(J. S. Bell)不等式将表明，这样一个事实是多么异乎寻常。

贝尔不等式和怪异性

> “如果他们任何人能够说明它，”爱丽丝说，“我将给他六便士。我不相信在它之中有一丁点意义。”
>
> “如果在它之中没有意义，”国王说，“那就解救了一个麻烦的世界，你知道，因为我们不需要发现任何意义。”

我希望这一节将表明，量子力学最不成问题的一个方面是它的或然性本质。更严重的是这个事实：它几乎没有意义。几乎。想象一个装置，它由三个部件组成，但是这些部件之间没有连接，正如图1和图2所示。在中间的部件C有一个按钮，当这个按钮被按压时，它会把一个粒子发射到进行检测的装置A和B中的每一个上。在按钮被按压之前，或者甚至当粒子在飞行的时候，A和B上面的刻度盘能够被设定。(A和C之间的距离无需等于B和C之间的距离；在一

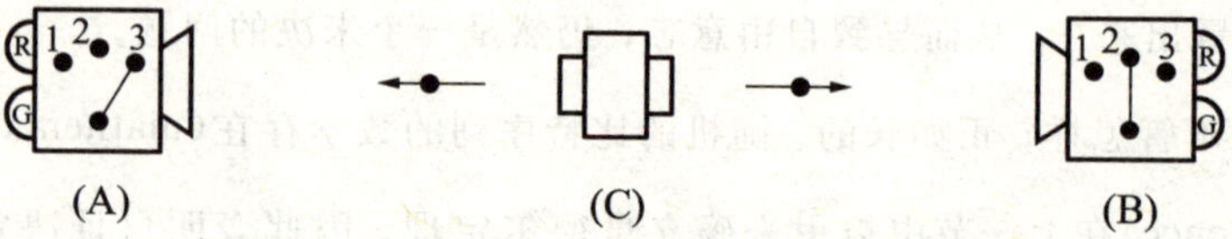

图 1　完备的装置。A 和 B 是两个检测器。C 是两个粒子从中出现的盒子。

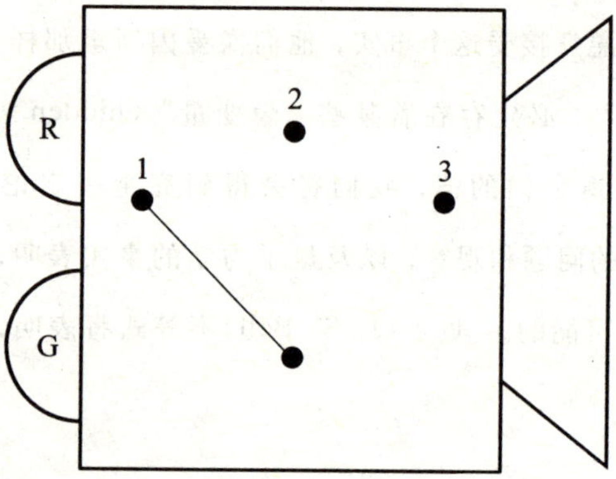

图 2　A 检测器。粒子从右边进入。红光(R)和绿光(G)在左边。开关被设定到 1。

个粒子到达 A 之后，但是一个粒子在到达 B 之前，B 的刻度盘能够被设定。)当粒子的确到达 A 和 B 时，一个光闪现。这个光(可以是红的或绿的)闪现跟 A 和 B 上面的刻度盘如何被设定无关，虽然它是红的还是绿的取决于刻度盘的设定。这两个刻度盘是相互独立地被设定的。

粒子的本质，装置的构造，事实上所有的技术细节都是无关的。重要的是，在被这样建造的一个装置中，A、B、C 这三个部件之间绝对没有联系。当按钮被按压时，粒子被发射，在 A 和 B 上的光的颜色被记录下来。如果这个过程被重复多次，我们就可以在光的闪现中辨别出某个模式。通过使用一个简单的记号[这源自 N · 大卫 · 默尔明(N. David Mermin 1981)，这里我是在遵循他的普遍探讨]，我们指出任何单一事件的结局：比如说，21RG 意味着，A(它的刻度盘被设定在 2)闪现红光，而 B(它的刻度盘被设定在 1)闪现绿光。因此，重复多次的记录看起来是这样的：32RG，21GR，33RR，22RR，13RG，32GR，23GG，12RG，12GG，11GG，21GR，22GG……

[一个类比或许有所帮助。想象两个心理学家 A 和 B 在两个不同的城市，比如说阿尔伯克基和布法罗。* 芝加哥的一对已婚夫妇分别旅行到这两个城市，一个到阿尔伯克基，另一个到布法罗，以便被询问三个“是或不”(Yes or No)问题中的一个问题。在考察许多这样的夫妇后，心理学家的记录看起来是这样的：31YY，21YN，22NN，13NY，11NN，21YY，21NY，33YY，21NY……

21YN 意味着，正如在粒子的情形中，阿尔伯克基的心理学家问问题 2，得到一个“是”的回答，而布法罗的心理学家问问题 1，得到一个“不”的回答。]

在考察这个记录时，我们会注意到几件事情：(a)当 A 和 B 上的刻度盘有同样的设定(11，22，33)时，这些检测器**总是**闪现同样颜色的光，要么都是红色要么都是绿色。(b)对这些设定，红和绿的闪光的配对以同样的频率随机地出现。(c)当 A 和 B 上的刻度盘有不同的设定(12，13，21，23，31，32)时，我们注意到检测器只是在 1/4 的时间里闪现同样颜色的光，红和绿的闪光的配对以同样的频率随机地出现。(d)在刻度盘被不同地设定的 3/4 的时间里，闪现的光具有不同的颜色，RG 和 GR 以同样的频率随机地出现。

---

* Albuquerque 和 Buffalo，分别是美国新墨西哥州中部和纽约州东北部的城市，这两个城市名连同“芝加哥”(Chicago)，其首字母为 A、B、C。——译者

重要的是要记住观察(c)，当A和B上的刻度盘有不同的设定(12，13，21，23，31，32)时，这些检测器只是在1/4的时间里闪现同样颜色的光。上百万次的试验表明这个比例是确定的。

那么，这表明了什么呢？好，看来我们不得不接受一些古怪的结论。我们猜测，每个粒子的性质决定它的检测器对三个刻度盘的设定将闪现的颜色。这看来就是说明一个问题的唯一方式，即为什么检测器在具有同样的设定时**总是**闪现同样的颜色：检测器A和B必定是在响应这两个粒子的某个(共享的)性质——大小、速度、自旋，不管什么性质。

(如果，就像看起来是不可能的那样，每当阿尔伯克基和布法罗的心理学家问同样被标记的问题时，每一对已婚夫妇的成员总是以同样的方式，要么都回答“是”，要么都回答“不”，那么推断说这两个心理学家是在测度这些夫妇的某个真实性质，看起来就很自然了。)

因此，看来有8种类型的粒子——RRR，RRG，RGR，GRR，GGR，GRG，RGG，GGG——当刻度盘的设定是同样的时，在两个检测器上同样颜色的闪现表明它们接收到的粒子呈现同样的性质。因此，如果RRG粒子是由C发射的，如果两个检测器的刻度盘被设定在2，那么红光将在A和B上闪现。如果刻度盘都被(记住，独立地)设定在3，那么绿光将在A和B上闪现。另一方面，如果A的刻度盘被设定在1或2，而B的刻度盘被设定在3，则A将闪现红色，B将闪现绿色。同理，如果GGG粒子被发射，两个检测器就都闪现绿色，不管它们的设定如何。

(继续借助于已婚夫妇的类比，我们推断说，有8种类型的夫妇——YYY，YYN，YNY，NYY，YNN，NYN，NNY，NNN。考虑 YNY 类型的一对夫妇。如果这对夫妇的成员离开芝加哥，到达阿尔伯克基和布法罗，两个都被问及问题3，他们都将回答“是”。如果只是在阿尔伯克基的那个人被问及问题3，而在布法罗的那个成员被问及问题2，那么，当前者仍然回答“是”时，后者将回答“不”。同理，如果一对NYY 类型的夫妇分别被问及问题1和2，他们将分别回答“不”和“是”。)

虽然爱因斯坦未考虑刻度盘有不同设定的情形(或类似的情形)，但他从一个类似的状况[爱因斯坦(Einstein)、波多尔斯基(Podolsky)、罗森(Rosen)实验——简称EPR 实验]推断说，必定存在着“隐变量”(RRG、GRG，等等)，它们决定是否检测器将闪现红色还是绿色，它们还将说明为什么当这两个检测器的设定是同样的时它们**总是**闪现同样的颜色。请注意，在已婚夫妇的情形中，这个结论看起来一定足够合理。

迄今，这整个的讨论似乎有点不合适，不值得继续做下去(或甚至不值得开始)，因为它看起来像是一个没有要点的冗长杂乱的故事。好，要点现在出来了，我引用N·大卫·默尔明的文章“给每个人的量子谜团”。在该文中，默尔明写道：“当刻度盘的设定是同样的时，对那种完美的关联的[上述]说明看来就是不可避免的，而这就形成了这个装置提出的难题的基础。因为这个说明极不相容于当刻度盘的设定是不同的时候发生的事情”(1981)。

考虑GRG 类型的一个粒子。在有所不同的6个可能的刻度盘的设定(12，21，13，31，23，32)中，只有13和31会导致同样的颜色闪现(在这种情形中呈绿色)。因此对GRG 这种类型的粒子，同样的颜色应该只是在1/3的时间里闪现。同理，对GRR、RGR、RRG、RGG和GGR 类型的粒子，同样的颜色应该只是在1/3的时间里在A

和B的检测器上闪现。当刻度盘的设定不同时，RRR或GGG类型的粒子应该总是闪现同样的颜色。因此，我们可以推断说，当刻度盘的设定是同样的时，颜色总是同样的，对为什么会是这样的唯一合理的说明意味着，当刻度盘的设定不同时，由检测器闪现的颜色（至少）在1/3的时间里（如果存在着RRR或GGG类型的粒子，那么在更多的时间里）应该是同样的。但是这在经验中就是不发生：当设定不同时，由检测器闪现的颜色只是在1/4的时间里是同样的。

[这与在已婚夫妇的情形中发生的事情形成了对比。考虑这样一对夫妇，比如说YNY类型的夫妇。在有所不同的6个可能的问题设定（12，21，13，31，23，32）中，只有13和31会导致给出同样的回答（对这对夫妇来说"是"）。因此，对YNY类型的一对夫妇来说，同样的回答应该只是在1/3的时间里被给出。同理，对YNN、NYN、NNY、NYY和YYN类型的夫妇，在阿尔伯克基和布法罗，同样的回答应该只是在1/3的时间里被给出。由于也有YYY和NNN类型的夫妇，同样的回答应该实际上在多于1/3的时间里被给出。]

够古怪的了，1/4这个分数是量子力学预测的东西，这与物理学家J·S·贝尔于1964年在一个略微不同的情境中建立起来的、至少1/3的"常识"估计相对立。（在已婚夫妇的情形中，如果我们采纳一个相当不可能的假设，即在被问到同样的问题时，一对夫妇的两个成员总是的确给出同样的回答，那么，当问题不同时，至少1/3的答案会是同样的这个估计，正如我们已经看到的，是正确的。）

实在论（realism）是这个常识哲学观点：物理对象是独立于我们的感知而存在的。在过去，它只是被看作一种科学哲学，因为唯心主义者[比如18世纪的贝克莱(Berkeley)]已经在一些场合反对这个观点。这些唯心主义者认为，物理对象是依赖于心灵的(mind-dependent)，它们的存在(being)在于被感知。大多数血气方刚的科学家和哲学家仍然是实在论者，但是在微观(以及宏观)物理现象中显示出来的量子效应对这个立场施加了大量的新压力。

没有可理解的模型或机制说明这些现象，只有某些计算和预测概率(像以上的1/4而不是大于或等于1/3)的规则。正如大卫·默尔明所说："这个装置就像它运转的那样运转……。古怪的不是量子力学的哥本哈根诠释(Copenhagen interpretation)，而是世界本身。"物理学家要么变得有点儿神秘，对自然(尤其是对被测量的粒子，或者对这个装置本身的没有联系的部件A、B和C)设定某种"整体性"(wholeness)的性质，要么变成冷酷无情的实证主义者，在他们的规则和公式中寻求庇护，公开放弃可理解性或说明性模型。

一些非物理学家(乃至少数物理学家)却把上述实验解释为揭示了心灵感应(telepathy)或心有灵犀的存在。虽然量子力学标准的所谓哥本哈根诠释排除这个解释，但实验结果还是能够以这种方式加以解释。(然而，即便如此，所涉及的"心灵感应"或"心有灵犀"并不是让这些人感到舒服的东西；这种说法根本就没传达出什么信息。爱因斯坦—波多尔斯基—罗森原来的思想实验只是我在这里概述的这个实验的一个更简单形式。因此，用首字母缩写的方式说，EPR并不意味着ESP*。)

在第一章中我写道：如果一个人把握了相关的哲学要点，那么一个人也就领会了这个笑话。由于还没有充分理解量子力学，我们还

* ESP指所谓"超感觉知觉"(extrasensory perception)。——译者

不能嘲笑(至少不是会意地)上述难题或其他的量子力学难题。不过，我认为有朝一日我们会这样做，虽然与爱因斯坦相反，我认为上帝或自然或这个大乌龟的确是在掷骰子。

一个看不见的、难以了解的、无形的笑话，就像一个人脸上的鼻子。

——威廉·莎士比亚(William Shakespeare)

我们围成圈子跳舞和猜想，

但是秘密在中间就座，将一切尽收眼底。

——罗伯特·弗罗斯特(Robert Frost)

仅仅在38个月的时间里，作为一个得到充分训练的**量子力学家**(QUANTUM MECHANIC)，你能挣得**大笔利润**。在你自己的家中，在空余的时间里，学习**量子力学**(QUANTUM MECHANICS)的秘密，而无需辞掉你目前的工作！全国都亟需得到训练有素的**量子力学家**。

你得到用于学习的职业装备。你将得到一个职业的回旋加速器、实际的原子，以及准备你的原子堆的一年的供给。仅需675美元。当你听到你儿子说："我爹爹是一个**量子力学家**！"你会感到多么自豪。想想看，多么便宜啊！

——匿名，杂志的滑稽模仿

论假定

冒着头脑被冲击的危险，让我在一瞬间飞返 2500 年前埃里亚的芝诺(Zeno of Elea)时代。芝诺写道：阿基里斯决不能追上乌龟，因为在阿基里斯到达乌龟开始的地方 P_0 的时候，乌龟已经前进到 P_1。当阿基里斯到达 P_1 的时候，乌龟已经前进到 P_2；当阿基里斯到达 P_2 的时候，乌龟已经前进到 P_3，等等。在能够追上和超过乌龟之前，阿基里斯不得不走过无限数目的这样的间隔。我们现在知道，一个无限数目的(间隔)长度的总和可以是有限的(例如$\frac{1}{2}+\frac{1}{4}+\frac{1}{8}+\frac{1}{16}+\frac{1}{32}+\cdots\cdots=1$)。康托尔(Georg Cantor)提出了一些关于无限集合的定理，借助于这些定理，芝诺悖论(Zeno's paradox)得到了解决。

一个合理的猜测是，如果我们试图理解(不仅仅是预测)量子现象，某种可观的概念进步就是必要的。一些经典物理学的预设大概需要被修改，这些预设关系到“物性”(thinghood)的概念。是一个事物是怎么回事呢？事物怎么在时间上持续呢？事物是截然不同的还是模糊的？它们是独立的还是以某种方式相互联系？或许最终表明，我们并不太了解事物。

美国哲学家希拉里·帕特南(Hilary Putnam)已经写道：正如非欧几里得几何的建立使我们能够容易地表示爱因斯坦的相对论，一个非经典的量子逻辑的建立或许使我们更加容易和更加自然地表示量子论关于“事物”的见识。比如说，排中律或许需要(或者不需要)被修改。

按照某种秩序列举在 0 和 10 之间的所有无限多的数：7.1，$2^{\frac{33}{49}}$，

π，$9^{\frac{112}{219}}$，$5^{\sqrt{2}}$，$\sqrt[3]{19}$，2.86312，...，e^2，$5^{\frac{11}{103}}$，...。在第一个数周围放上 1/2 长度的间隔；在第二个数周围放上 1/4 长度的间隔；在第三个数周围放上 1/8 长度的间隔；在第四个数周围放上 1/16 长度的间隔，等等。这些间隔的总和是 $\frac{1}{2}+\frac{1}{4}+\frac{1}{8}+\frac{1}{16}+\frac{1}{32}+\ldots=1$，但是对大多数人来说，好像这些间隔覆盖了在 0 和 10 之间的数线上的所有点。他们(或你们)在作出康托尔并没有作出的什么假定呢？

乔治在一辆以时速 20 英里行驶的列车的过道向前奔跑。如果他相对于列车以时速 10 英里的速度向前奔跑，那么，相对于地面他是在以时速 30 英里的速度向前运动。假设速度是以这种方式加和是很自然的。但是狭义相对论说，在速度非常大的情况下并非如此。同样，作出如下假定是很自然的：对任何两个时空事件来说，对所有的观察者一个必定先于另一个。但是，按照狭义相对论，事情并非如此。

玛莎和一条大狗正站在一个公交车站上。沃尔多走近她们，问她的狗是否咬人。玛莎向沃尔多保证说，她的狗非常友好，不咬人。于是沃尔多爱抚地摸了摸这条狗，可狗竟然咬他的胳臂和大腿，还起劲地攻击他，他尖叫着对玛莎说："我原以为你说你的狗不咬人呢！"玛莎非常无辜地回答道："是的，但这条狗不是我的。"

沃尔多问医生如何改善他与妻子的关系。医生劝告他每天晚上走 10 英里，这样他就不会如此急躁，并且让他在一个月后打电话给他（医生）。当沃尔多在下一个月打来电话时，医生问他，与妻子的关系如何。“还好，我非常放松，但是我已经离家 300 英里了！”

教训是明显的。假定、假设、预设，不管你想把它们称作什么，在搞科学（do science）和“搞”生活（“do” life）中是必要的，但是当它们被不假思索地作出来时，它们可以是令人误解的，甚至是危险的。不幸地（或幸运地），它们通常**必须**被不假思索地作出来。

一旦借助壕沟防护起来，理论就很难被取代。正如托勒密（Ptolemy）把本轮添加到本轮以便挽救他的行星轨道学说一样，人们倾向于对任何刚刚有用的理论加以修饰和装饰，甚至经常更喜欢这种结构复杂的理论而不是简单的理论。

保罗·瓦茨拉维克（Paul Watzlawick 1977）博士讲述了一个与 A·巴维拉斯（A. Bavelas）教授的研究相关的故事：两个受试者 A 和 B 被要求通过试错法来努力识别健康细胞和病细胞之间的差别。对于显示给他们的幻灯片，他们只能回答“健康”或“有病”。他们被告知，当他们回答正确时，一个光将发出信号。然而，事实上，只是 A 的正确回答会得到光信号的招呼。B 在房间对面坐着（以同样的顺序看同样的幻灯片），他并不知道只是在 A 正确回答时，他的回答才会得到光信号的招呼。至于 B 回答是“健康”还是“有病”，对他看到的光信号的加强丝毫没有影响。

后来，在被要求解释他们的“健康细胞理论”时，A 的理论简单、具体、直截了当。另一方面，B的思想则复杂、费解、精细。最令人惊奇的是，A对B的学说的“辉煌”留下了深刻印象。在一个随后的试验中，A比他的第一次试验表现得更糟糕，这大概是因为受到了B的深奥的(托勒密式的)思想的影响。

当然，在每样东西都同等的条件下，人们会对他们并不理解的地方嘟嘟囔囔，而这通常要比他们的确理解了的观察和推导留下的印象更深。为了表明这一点，我们并不需要任何正式的研究。他们更喜欢多毛的假说，而不愿用奥卡姆剃刀(Occam's razor)* 来刮脸。

数学家霍华德·伊夫斯(Howard Eves 1958)讲述了一个喜欢走路的人的故事。他的毛病在于(像前面提到的沃尔多一样)，他经常发现自己在黄昏时节远离家门。因此他决定在一座大山脚下买一栋房子，每天绕山行走一次，从早上太阳在他身后升起开始，到黄昏时节在他前头降落时回到家门。在这样做了一些年之后，他恐怖地发现，他上坡的那条腿已经短了一大截。这个人然后决定往另一个方向走一些年，直到两条腿的长度变得相等为止。当邻居怀疑他的故事时，他总是把他的裤子往上拉，回答道：“瞧，我的两条腿难道不是一样长了吗？”

不用说，临床医学家(“她有如此这般的抑郁症，现在她治愈

* 奥卡姆剃刀是14世纪英国逻辑学家、圣方济名会修士奥卡姆的威廉(William of Occam)提出的一个原理(奥卡姆在英格兰的萨里郡，那是他出生的地方)：“如无必要，勿增实体”(Entities should not be multiplied unnecessarily)。其本意是为了说明上帝的存在不能通过理性推导而得。奥卡姆剃刀后来也被当作科学研究和理性思维的一条原则，但具体应用时有多种变形，其中一种是：不应加入无必要的假设。在两种等价的结论中，应选择简洁的、假设最少的一种。——译者

了”）、经济预测师、政治权威（“过去曾有过巨大的反冲，但是现在对这种东西的态度已经变得稳定”），以及街头的算命先生（还有山上的风水先生），有时候都倾向于用类似的论证来支持他们的诊断和“治疗”。

假定（assumptions）构成和组织一个人的思维，因此不时妨碍一个人看到某些“明显的”现象，也确保一个人看到某些“不存在的”现象。（引号指出明显的或不存在的东西在某种程度上取决于一个人的理论假定。）

例如，拉瓦锡（Lavoisier）之前的化学家没有观察到与铁锈和氧化联系在一起的许多现象，由于他们关于燃素的理论假定使得那些现象不可能被注意到。哈维（Harvey）之前的生物学家确信在左心室和右心室之间有洞，虽然他们对此没有观察证据，因为他们的理论已经指向这样一个结论。

科学家们经常像下列故事中的范·杜霍尔茨（Van Dumholtz）那样行动，虽然他们的关切的秘传性有助于使得这相对隐秘：

范·杜霍尔茨面前有两个大罐，一个装着许多跳蚤，另一个则是空的。他轻柔地从跳蚤罐取出一只跳蚤，把它放在空罐前面的桌子上，退后几步，命令说“跳”，于是这只跳蚤跳进了空罐中。他有条理地轻柔地取出每只跳蚤，把它放在桌子上，说“跳”，这只跳蚤便跳进了原先那只空罐中。

当他以这种方式把所有的跳蚤都转移完后，就从现在装满跳蚤的这个罐中取出一只跳蚤，小心地扯断它的后腿，把它放在原来这个罐前面的桌子上，命令说“跳”，但是这只跳蚤并不移动。他从罐中取出另一只跳蚤，小心地扯断它的后腿，把它放在桌子上，又命令说“跳”，但是这只跳蚤也不移动。他有条理地对剩下的跳蚤继续同样的程序，得到同样的结果。

范·杜霍尔茨喜气洋洋地在他的笔记本上记道：“在其后腿被扯断时，跳蚤听不见了。”

最终，目的论说明（teleological explanations）为了解释某个现象而诉诸那个现象的目的状态或目的。举例来说，这种说明曾被（现在还被）用来反对达尔文（Darwin）进化论。伏尔泰（Voltaire）对这种说明的嘲弄式模仿是众所周知的：兔子有白尾巴以便更容易被逮住，鼻子有鼻梁以便能够舒服地放置眼镜，等等。荷依·马克斯（Hy Marx，格劳乔·马克斯的大叔，一个著名的目的论生理学家）提出了一个不太为人所知的论证来说明与肠胃气胀相联系的那种恶臭味：这种气味，他说，是为了聋子的利益而存在的。

比较而言，目的论说明也有一些合法的用处，尤其是如果这样的说明（“恒温器正在努力把房间的温度保持在一个稳定水平”等等）能够以非目的的术语重新表述，或者，在更复杂的情形中，用具有相互作用的部分的系统的稳定性来重新表述。事实上，康德写道：识别自然中的目的性（purposiveness in nature）的能力（或者正如他所说的，目的论判断力）是与“常识”密切联系的。

目的论说明的另一个合法变种将在下一章加以讨论。

第四章 人物

语境、复杂性和人工智能

读出：看不见，就发狂

打印：盲目的白痴

人工智能领域的研究者一直热心于构造把文章从一种自然语言翻译成为另一种自然语言的程序。然而，早期的工作者大大地低估了这项任务的复杂性。下列杜撰的故事大致说明了所碰到的问题是怎么回事：一个早期的俄英、英俄翻译程序在把“The spirit is willing, but the flesh is weak”由英文翻译成俄文，又转译为英文之后，变成了这样：“The vodka is agreeable, but the meat is too tender”。*

每当一个段落包含一个隐喻的成分，就像上面那样，或者依赖于语境或背景知识时，类似的问题就会发生。另一方面，如果任务是

* 原意为“心有余而力不足”，被转译后成为“伏特加宜人，但牛肉太嫩”。——译者

形式的，如果有严格的不容变更的规则可供遵循，正如在下棋的情形中，计算机就会表现得好一些。事实上，在确定空间飞行器的轨道方面，计算机做起来要比它跟一个人类对话者(通过电视屏幕)进行一次日常的自由问答的对话容易得多。后面这种技艺甚至未接近于完成。具有充分结构化的事实知识和记忆，具有进行自我修改的能力，以便能够以一种与另一个人不可区分的方式进行这样一场对话，只有具有这种能力的计算机才会通过阿兰·图灵(Alan Turing)对机器智能的测试。

为了通过图灵测试，不仅大量的非形式的日常知识(芥末不要放在香蕉或一个人的鞋上，猫不是在树上长大的，雨衣不是由雨制成的)必须被形式化，而且也必须以某种方式提供语境所造成的意义差别。引用一个通常的例子，假设一个男人摸自己的头，如果计算机不知道这件事情发生的语境，对此它将怎么作出评注呢？这件事可以意味着无限多的东西，取决于无限多的不断变化的人类语境。即使把对最可能的语境的充分认识编程输入计算机，在交谈中，一个词项的语境通常只是在它出现的那段对话中被提供的。下列故事给出了一个专门的例子，但是对语境的这种开放性和敏感性，即所谓的"此在性"(this being-thereness)，无所不在。

一个正在度假的年轻人给家里打电话，对他弟弟说："奥斯卡这只猫怎么样？"

"猫死了，今天上午死的。"

"太可怕了。你知道我跟它多么亲近。难道你不能更温和地把坏消息告诉我吗？"

"怎么？"

“你可以说它在屋顶上。然后下次我给你打电话时，你可以说你还无法把它弄下来，就像这样慢慢地把坏消息告诉我。”

“好，我明白了。对不起。”

“那么，妈妈怎么样？”

“她在屋顶上。”

狗用爪子把（国际象棋的）车移动到 KB4。乔治把王后移动到 QB6，宣告说：“将死。那是愚蠢之举，狗。除了有口臭外，你还是哑巴。在 7 局棋中我已经打败了你 5 次。”

有一个有趣的趋向，人工智能工作者（心怀不满的艺术史家们有时把他们当中那些批判意识最弱、雄心壮志最强的人谴责为“假的知识界”* 成员）经常对此发出抱怨：计算机难以履行的任何活动或任务，例如把一部小说的段落从一种自然语言翻译成为另一种，被定义为要求“真正的”智能。反过来，如果在任何时候能够写一个计算机程序（例如许多弈棋程序）来履行某项任务或别的什么，那么，许多人就会把这项任务斥之为不要求真正的智能的任务。计算机程序能够把握那些被充分形式化的活动，上面谈到的这种趋向认为这些活动并不真正地构成智能，因而把它们打发掉了。但是，在我看来，我们不应该认为这种趋向是对智能的一个事后重新定义（after-the-fact redefinition），而应该把它们看作对各种智能的一个再评价。

* 这里原文是“artificial intelligentsia”，比较于“artificial intelligence”（人工智能）。作者在此又玩了一个语言游戏（“artificial”一词有人工的、人造的、假的、不自然的等多个意思）。——译者

履行许多不同的任务，使用许多不同的方法，决定什么时候一个任务或方法而不是另一个任务或方法是合适的，发现一个方法的可适用性的限制，修改一个系统以便适应不同的情景，所有这些活动都具有不同级别的困难，与在一个合适定义的形式系统（例如国际象棋或者天体力学）中工作相比，要求一种更加灵活的整合性智能（integrative intelligence）。通过将一种非形式境况的完全不同且不相一致的细节整合在一起，并使之连贯，这种“整合性智能”就能发挥作用。为此，它就需要由多种东西构成的一种个性，例如欲望、兴趣及自我感。

我们忍不住推测，在未来，地位高的工作是把奖金放在这些以自我为中介的整合性活动上，而不是放在任何特定的形式化技巧上的工作。一般来说，一个工作越有趣越重要，它就越少地被合适定义。家庭主妇和家庭主夫，手工匠，幽默作家，哲学家，妙趣横生的对话者，朋友，情人，这一切或许在未来比在今天会被更高地看重。

马文·明斯基（Marvin Minsky），一个杰出的计算机科学家，已经写道：“当智能机被构造出来时，如果我们发现，在有关心灵—物质（mind-matter）、意识和自由意志等问题上，它们像人一样含混和固执，那么我们不应该感到惊奇。”这似乎有些意义，虽然我想用“如果”取代以上的“当……时”。

除了哲学关怀（philosophical concerns）外，这些智能“机器”大概会有一种幽默感（sense of humor）。其实，机器智能的图灵测试的一个变种，就是要构造一个能够识别笑话的程序。除了对情感的细微差别（emotional nuance）的鉴别外，早先提到的所有整合性智识技能都被要求。仔细地想来，技能的这个组合甚至在人类个体中也非同寻常。

一对年老的已婚夫妇在90岁时拜访一个专管离婚的律师。律师问道："为什么现在才来离婚呢？你们都90岁了，你们已经结婚70多年，为什么现在才来离婚呢？"

他们解释说："我们想要等到孩子们都死了。"

如果你吃吃大笑，你大概没有硅片在你头脑中(或许有钢铁在你心中，但不是硅片在你头脑中)。

可以设想的是，随着人工智能的发展，种族笑话会被机器人笑话所取代：

两个机器熊猫人正驾车前行，他们碰到了一个标志牌，上面写着"向左"*。于是他们返回家中。

机器人药剂师辞掉了他的工作。他无法把这些小药瓶装进打字机。

在计算机科学中，一个重要的区分是在计算机的硬件和软件之间的区分。虽然这个区分并非总是轮廓分明，但"硬件"指计算机的物

* 这里原文是"Bear Left"，它的另一个意义是"熊请离开"。——译者

理方面（磁带、磁盘、晶体管、硅片等等），“软件”指在计算机上运行的程序。程序决定计算机做什么，决定逻辑状态或程序状态的序列必定是什么。与这些状态相对应的是它的硬件的物理状态。

希拉里·帕特南注意到，在软件和硬件的区分上产生的逻辑和语言问题，在某些重要的方面类似于在笛卡儿的传统心身问题（mind-body problem）中出现的问题。什么是心灵和大脑（身体）之间的关系呢？它们相互间怎么影响呢？精神的东西和物质的东西是不可通约的吗，抑或它们是同一个现象的不同方面？对这些问题，帕特南声称，在某些方面有与如下类似的问题同样的解决（或者消解）：什么是程序和硬件之间的关系？它们相互间如何影响？程序的性质和硬件的性质是不可通约的吗，抑或它们只是同一个现象的不同方面？

比较：

(1) 当这出戏演到这儿时，我想让乔治流泪，所以当他在后台时，要么我让他想起某些悲哀的事情，要么如果他想不起来，我往他眼里滴些洋葱汁。

(2) 当这个演示进行到这儿时，我想让这个陌生的螺旋状模式出现在显示器上，所以要么编一个程序让它出现，要么如果你不能这样做，就像这样在界面的电缆上摩擦一块磁铁。

下一节的话题（内涵性说明）*，将阐明一些相关的问题。

---

* 作者在这里使用的词是“intensional explanation”，与下文中偶尔使用的词“intentional explanation”（意向说明）略有差异。这两个词都是指通过诉诸人们的精神状态及其内容对一个行动或事件的说明，因而都有别于作者所说的“因果说明”（causal explanations），鉴于作者也许是刻意使用这两个词，故我们取两种译法。——译者

为什么他刚才摸自己的头？

“问题产生了：如果我从我抬起我的胳膊这个事实中减去我的胳膊上升这个事实，那么会留下什么东西？”

——维特根斯坦

默特尔：为什么你认为在那里的那个人刚才摸自己的头？

乔治：他是第三垒的教练，他正在向击球手发出击球的信号。

玛莎：今天有风，他在确信他的假发仍然舒适。

沃尔多：由一组甚至更加复杂的化学和物理现象导致的一组复杂的神经元激活和肌肉收缩，引起右上附属肢体以如此这般的角度和速率运动到最高的中心末端的侧部。

默特尔：啊？

乔治和玛莎的说明以一种关键的方式不同于沃尔多的说明：他们是通过给出一个理由，而不是通过引用因果律来说明这个行为。通过为这个行为给出一个理由，乔治和玛莎使得这个行为从社会上接受的规则和规范，从这个行动者的信念和意图的角度来看是合理的。这种类型的说明预设了所涉及的行动者的合理性，被称为内涵性说明(intensional explanations)。另一方面，沃尔多的说明是一个因果说明：如果这些普遍的覆盖律(covering laws)是有效的，如果这些条件得到满足，那么结果就会产生。

请注意，在这两种类型的说明之间没有冲突。它们都可以被用来说明同样的行为(戴安娜王妃怀孕，水门事件的磁带被消磁)，虽然在任何给定的语境中，其中一种说明更为合适。

有趣的是，尽管弗洛伊德是作为一个“硬”科学家开始其职业的，不过，在他的“科学纲领”中，他试图把因果的（神经生理的）说明与内涵性的（在这种情形中是精神分析的）说明调和起来。他写道，他想“提供一门心理学，这门心理学将是一门自然科学：这就是说，把精神过程表达为可以指定的物质粒子的定量确定的状态，从而使那些过程明白无误、免于矛盾”（1966）。当然，他失败了，因为他的神经生理学知识有限，他的精神分析理论是有缺陷的，甚至这两个理想进路之间的联系，不论是在过去还是现在，都具有不可想象的复杂性。

甚至在纯粹物理环境中，内涵性说明有时或许是唯一可处理的说明。例如，与一台计算机下棋要求一个人采纳丹尼尔·丹尼特（Daniel Dennett 1978）所说的对待一台计算机的一个“意向姿态”（intentional stance）而不是一个物理姿态。给出这个程序的目标（赢），对它的约束（对弈规则），它的信息存储（对过去所有着法的完备记忆），它迄今显示出来的“个性”（进行防御和攻击的趋势，等等），一个人是通过问自己什么是最合理的着法来预测（和说明）计算机的着法。一个人并不通过试图考察它的电路、芯片和磁盘的物理状态来预测或说明计算机的着法，因为这样做不仅过于困难，而且耗费时间。

在澄清内涵性说明和因果说明的关系时，行动的概念是有用的。一个行动是一小段行为，对于这段行为来说行动者的理由是它的原因。一个癫痫患者的无确定路线的运动不是一个行动，坐在一个摇椅中的人，由于椅子突然坍塌而向后掉下来，这个运动也不是一个行动。在这种情形中，一个因果说明是最合适的。另一方面，精力充沛地四处跳动以便引起一架飞机的注意，向后翻两个筋斗——这虽然像先前的行为，却都是行动。从一个人摸自己头的例子中，我们也应该清楚地看到，一小段行为可以被看作无限多不同的行动，取决于这个人及其背景、行为的直接语境以及一般的文化。这个人摸自己头，或许是因为他相信，当他的邻居讨论一个当地行窃事件，而行窃者就是他自己时，通过摸自己头他不仅会感到放松，而且还会显示出一种漫不经心的态度。因果说明并不具有内涵性说明具有的这种多样性和对语境的依赖性。

虽然一个行动的理由是它的原因，但重要的是要记住，这些理由只能在一个内涵性说明的语境中被决定。我们首先确定一个人是在履行什么行动，为什么它是理性的，然后把那个人的理由鉴定为这个行动的原因。

我儿子经常与我女儿打闹，有时候在维护自己时，他解释说："我并没有打她。只是我的胳膊在运动，而她的脸碰巧挡了道。"

法国作家亨利·柏格森(Henri Bergson)把笑归因于"有生命的东西表面形成硬壳的机械般的东西"(1911)。借助这个相当著名的短语，他意指一个变得僵硬啰嗦的机器般的人也因此变得可笑，因为人的本质就在于其(相对的)灵活性和精神。"当一个人的道德方面是我们关心的对象，而引起我们注意的却是它的物理方面时，任何这种事情出现都会变得很滑稽……每当我们笑时，就有了某人是一个东西的印象"(1911)。滑倒，摔落，消化，抽搐，这当中没有一个是行动，没有一个允许意向说明(intentional explanations)，可在一个合适的语境中，所有这些东西都是可笑的。

哈姆雷特(Hamlet)打嗝，总统打嗝，或者一群乌合之众的头目滑倒在一个香蕉皮上，我们都笑。在一个略高的层次上，当某个人犯了某种类型的一个范畴错误时，哲学家(大多数人在某种程度上都是哲学家)就笑。哲学的一个永无止境的任务，乃是致力于看穿我们理解上的“机械硬壳”。

乔治：谈论意向说明太拖泥带水啦，为什么我们不单单使用因果说明呢？

玛莎：你是对的。让我们现在就**决定**这样做。我们都**想**澄清，因果说明似乎更加清楚、更加精确。

这个笑话是，玛莎正在对为什么她和乔治正计划只使用因果说明提供一个意向说明。意向概念已经被建构进入我们的交流组织(fabric)中。美国哲学家H·P·格赖斯(H. P. Grice)甚至已经把“S用x意指某个东西”分析为：“通过使听者认识到S要产生某个效应的意图，S想通过说出x而在那听者那里产生那个效应”(1957)。出于实际的目的，与意向说明相关联的因果说明全然无用。

意向说明的逻辑不同于因果说明的逻辑的一种重要方式，是外延性(extensionality)的失败。这就是说，用指称一个人或事物的表达式来代替指称同一个人或事物的另一个表达式，会改变意向陈述的真值和意向说明的力量。但对因果陈述或因果说明则不是这样。比如，考虑乔治对为什么这个男人摸自己的头的说明。（他是第三垒的教练，他正在向击球手发出击球的信号。）假设第三垒的教练是亨利·马隆(Henry Malone)的表弟，这个击球手是场上唯一的希腊人。代替这些表达式，对这个男人摸自己的头的“说明”就变成“他是亨利·马隆的表弟，他正在向那个希腊人发出击球的信号”。人们甚至可以用“点击他的太阳穴”这个指称同一个运动的表达式来取代“发出击球的信号”，但是这样就丧失了所有的说明力。在沃尔多的因果说明中，用具有同样所指的一个表达来代替式一个表达式，比如说，通过使用一个不同的坐标系，或者对“右上附属肢体”提出一个不同的描述，这样做并不影响任何陈述的真值或者这个说明的说明力。因此，在意向说明但不是在因果说明中，一个人或者事物怎么被指称是重要的。即使俄狄浦斯(Oedipus)想娶伊俄卡斯特(Jocasta)为妻，而伊俄卡斯特实际上是他的母亲，大概俄狄浦斯并不想娶他的母亲为妻。

主客体的混淆或合并，总是导致不可判定的未决问题。回想一下上面提到的那台聪明计算机，它的“是—不”装置打开和关掉与它连接在一起的灯泡。主客体的合并使得机器无法判定某些涉及灯泡的问题。

更常见的是，一个人对一种状况形成一个模型，如果这个人本身是那种状况的一部分，那么他就会对他自己被如此涉及的那个部分进行对象化。但是这样一来，对这种状况的论述必然是不完备的，因为这个主体作为观察者的那个部分总是在进行观察，而那个部分本身却不被自我观察到。当然，只有当一个人想要对某个东西进行一个

“完备的”论述或说明，只有当一个人急不可待地想要变成一个科学家时，这个逻辑问题才表达了一个“问题”。如果一个人只是在跳舞或者打斗，在做爱或者修练禅宗，挑选葡萄或者挖自己的鼻孔，那么就不会有什么问题。

意向说明一般地说涉及这样的主客体界限的模糊，因为为了理解其反应和行动接着受到影响的另一个人的规则、价值和信念，这种说明要求一个人充分发挥移情作用(empathy)。* 比较上述格赖斯对交流的说明。除了在量子现象的情形(海森伯不确定性原理)中以外，因果说明通常并不具有这个性质。比如说，对一块石头的运动路线进行计算或说明不会影响这块石头。

乔治：嗨，玛莎。

玛莎：什么事，乔治？你对我着迷吗？

乔治：不，当然不。

玛莎：是的，你为我发狂。为什么你发狂呢？

乔治：我说过我没有对你发狂。

玛莎：你为我发狂，从你的声音的语调中我可以辨别出来。

乔治：玛莎，我是在试图不让你对我生气。

玛莎：瞧，你对我充满了敌意。为什么？我做了什么事会让你如此愤怒？

乔治径自走开，砰地关上他身后的门。

---

* 参阅《真科学：它是什么，它指什么》，约翰·齐曼著，曾国屏等译，上海科技教育出版社，2002年12月，第5.11节。——译者

《国民探究者》(*National Inquirer*)，一份充满新闻和伪新闻(pseudo-news)的奇怪但迷人的八卦小报，经常刊载一些有关影视界的名人X和Y谈恋爱的故事。这些故事，依我之见，经常导致了这样一些故事的出现：为什么名人X和Y现在各自与Z和W发生关系。甚至对人们的“中立的、客观的”观察往往也会对其行为产生显著影响。比如说，考虑对各种各样的性实践(sex practices)发生次数的调查。然而，人们有时高估了他们的所作所为对其他人的影响。下列故事中这位困惑的统计学家的例子便表明了这一点：

霍华德·伊夫斯(1958)谈到了一位四处旅行发表演说的统计学家。这位统计学家对飞行感到恐慌，尤其是因为近来在飞机上已经出现一些炸弹威吓事件。他对一颗炸弹出现在一架飞机上的概率作了计算，由于这个概率合理地小，他消除了疑虑。然后，他又计算了两枚炸弹出现在一架飞机上的概率，发现它是绝对地无穷小。打这以后，他总是在手提箱中携带一枚炸弹旅行。

由于几个理由，意向说明是或然性的。第一个理由是刚才讨论的主客体界限的模糊。说明(甚至观察)经常改变被说明(或观察)的东西，对于一个人自己以及与之亲近的那些人来说，肯定就是这样。第二个理由是说明的本质和层次。为一个行动提供一个貌似有理的广泛根据，不等于为它提供一套充分的因果条件。一个潜在的行动的一个(或许多)根据，绝不足以保证那个行动会发生。不管有多少恰到好处的理由做某件事，一个人（或者其他的智能）或许仍然会决定不做那件事。

微观物理非决定论，正如我已经注意到的，或许是意向说明的或然性本质的第三个源泉。可以设想的是，这种量子非决定论通过心灵—大脑（mind-brain）的结构化的复杂性（structured complexity）而以某种方式被过滤，结果便导致了形而上学上的自由行动的可能性。［伯特兰·罗素曾经猜测道："有可能的是，智能可以使得不或然的事情发生而不违反物理定律，正如通过打开快动粒子的活门，关闭慢动粒子的活门，麦克斯韦妖（Maxwell's demon）就会击败热力学第二定律。"］而（某些无意识的）思想或许部分地是由一个非决定论过程产生的，那些可行的思想则从实在和意识的检验中幸存下来。这种与生物学中的自然选择的相似性特别具有吸引力。不管怎样，这第三个源泉不被要求，因为甚至对被充分决定的弈棋计算机（chess-playing computers）的着法的意向说明或预测，实际说来，仍然只是或然性的。

最终，我们不应该假设一个说明的价值是由其结论是多么或然来衡量的，正如乔治向沃尔多所表明的那样：

沃尔多：一个说明的价值只是与其结论的概率一样好。

乔治：我在做什么？

沃尔多：好像你正在摇一对骰子。

乔治：你是对的。我刚好摇了一个7。为什么？

沃尔多：偶然性。你将以1/6的概率摇一个7，就是这样。

乔治：现在我刚好摇了一个 12。为什么？

沃尔多：还是偶然性。你将以 1/36 的概率摇一个 12。

乔治：这两个说明似乎是同样的，即使它们的结论的概率不同。

在意向说明中，就像在因果说明中一样，结论以低概率出现并不一定意味着相应的说明就很拙劣。比如说，我们特定的个人的遗传结构就是一个不或然事件：一个不同的精子或许已经与同一个卵子或不同的卵子相结合，如果这样的话我们就不成其为我们了。还有，对我们个人的遗传结构的说明取决于特定的精子和卵子，不管它们的结合是多么不或然，它们最终还是结合起来了。

阿罗、囚徒和妥协

当他母亲走进来时，一个小男孩正在房间里安静地自慰。“不要那样做，孩子，要不然你会变瞎。”

“妈妈，难道只有到了老眼昏花时我才能这样做吗？”

两个危险威胁着这个世界——秩序和混乱。

——保罗·瓦雷里(Paul Valéry)

自古希腊时代以来，节制(moderation)就被认可为一个美德。然而，“要适可而止”这个训谕的问题在于，如果没有某个标准的刻度来衡量一个人自己及其行动，这个训谕几乎毫无意义。甚至在初等数学中，“要适可而止”也面临困难。如果一个立方体的边长分布在 0 和 2 英寸之间，那么，在我们对其边长的分布没有其他信息的情况下，我们就可以说其平均边长是 1 英寸。然而，如果我们考虑这些立方体的体积（它们必须分布在0和8立方英寸之间），我们就可以说其平均体积是4立方英寸。因此，使用两个不同的标准，这个“平均立方体”有1英寸的边长和4立方英寸的体积。

后来，在18世纪，杰里米·边沁（Jeremy Bentham）试图建立一种用来测度一个行动的效用和无效用的“快乐因子演算”（hedonic calculus）。借助于这样一个工具，我们能够从“行动来优化净效用的量”（1948）。那么，这个奇妙的演算怎么测度效用和无效用（或者，更直白地说，快乐和痛苦）呢？遗憾的是（或者，更可能地，幸运的是），这样一个演算并不存在。边沁，以及自他以来的其他人，还没有发现任何合理的方式把人类生活的那些不可通约的东西加和在一起。（在发现不合理的或任意的方式上，或甚至在狭窄的语境中发现合理的方式上，是没有诀窍可言的。）

虽然在如何比较全然不同的性质（美丽 vs. 智力，财富 vs. 健康）上，边沁着笔不多，但他确实建议说，对任何一个性质，“程度”、“持续时间”和“强度”是我们合理地要考虑的方面。当然，确实是这样；但问题依然存在。我们怎么测度一个性质的这些方面呢？比如说，在多长的时间里与一个朋友的交谈才让一个人感到满足呢——是半个小时，一个星期，还是终身？这些方面的价值怎么与这个性质联系起来呢？比如说，在笑话的数目和一本书的幽默感之间的关系是什么呢？这些方面又如何与一个性质的其他更精妙的方面相互影响、相互作用呢？我们可以对强度进行人际比较吗？说乔治爱他儿子胜于玛莎爱她丈夫有意义吗？总之，不仅没有办法把苹果与橘子相比较，甚至也没有一个通用手段来对苹果进行分级。

不过，出于某些**特殊的目的**，确实有一些办法对苹果进行分级，比如说按照重量、含糖量、表皮厚度、蠕虫的数目，等等。同样地，出于某些特殊的目的，有一些对美丽、智力和健康进行分级的方式。拿美丽来说，比如可以按照头发的颜色、皮肤的油性、耳朵的尺寸等等来分；拿智力来说，比如可以按照特殊的直观能力、词汇量、记忆力等等来分；拿健康来说，比如可以按照重量、血压、手术的次数等等来分。只要这些特殊目的的定级和排序被看作是粗略的、依情况而定的、有条件的，那么，在很大程度上，我们就可以避免这种排序的粗糙性。

玛莎：他聪明吗？

默特尔：是的，他的智商是160。

玛莎：他富裕吗？

默特尔：他每年挣40万美元。

玛莎：他好看吗？

默特尔：他使得保罗·纽曼(Paul Newman)看起来像罗德尼·丹杰菲尔德(Rodney Dangerfield)。

玛莎：他友好吗，性感吗？

默特尔：人人都认识他。他总是出现在这个那个的社交场合，姑娘们蜂拥在他周围。

玛莎：你喜欢他吗？

默特尔：我一看见他就受不了。他整形化妆，装腔作势，麻木迟钝。甚至一听见他的声音就会使我起鸡皮疙瘩。

乔治：今天天气真热，我敢说大约有80华氏度。

沃尔多：是的，昨晚降到40华氏度。现在有昨晚的两倍那么热。

就炎炎夏日这个题材而论，曾经有一个中西部州的立法者反对采纳夏令时方案，因为变长的日光会更快地使窗帘和纺织品褪色。

平衡和节制，透视感，以及相异要素的和谐整合都被看作是有价值的，它们的缺乏有时候会让人发笑便说明了这一点。尤其是，夸张和歪曲经常会导致幽默。下列是一个引自于萧伯纳(George Bernard Shaw)的老故事。然而，它似乎对格劳乔更合适：

格劳乔(对在一个雅致的晚餐会上坐在他旁边的一位女士)：你愿意跟我睡觉来换取1亿美元吗？

女士(格格一笑)：噢，格劳乔，我当然愿意。

格劳乔：那么我们用15美元达成这笔交易如何？

女士(愤怒地)：什么，你以为我是谁？

格劳乔：你是谁已经无关紧要。现在我们只是在就价格讨价还价。

政治是平衡和妥协的艺术。考虑这个事实：两个最重要的理想——自由和平等——在它们的最纯粹的形式上是不相容的：完全的自由导致不平等，而强制的平等导致自由的丧失。因此，自由和平等必须被平衡、改进和服从某些条件。在政治右派和政治左派之间的差别可以被简化地描述为在不同的倾向、在**积极的**自由(言论自由、迁居的自由、买卖的自由等)和**消极的**自由(摆脱饥饿和失业等)之间的差别。下列一对故事强调了这样一对差别：

乔治和沃尔多偶然碰到一对苹果，一个大，一个小。乔治手快，先抓住了那个大苹果，狼吞虎咽地把它吃掉，而沃尔多只是设法抓住了那个小苹果。

沃尔多："这不文明，乔治。如果我先到这里，我会把这个大苹果留给你。"

乔治："那么你还抱怨什么呢？你毕竟得到了你想要的东西。"

乔治、玛莎、沃尔多和默特尔偶然碰到一条面包。他们决定采用下列方法进行平分：乔治切下他认为是四分之一的部分。如果玛莎认为这块面包是四分之一或者小于四分之一，她不碰它；如果她认为它大于这只面包的四分之一，她切下一长条以便使它正好是四分之一。沃尔多要么留下这块面包不动，要么对它作进一步的修整（如果他认为这块面包仍然大于四分之一）。最终，默特尔持有同样的建议：如果它太大，修整它；如果它不够大，留下它不动。最后一个碰这条面包的人得到它。完成这之后，还有三个人必须平分这条面包的其余部分。他们遵循同样的方法：第一个人切下他认为是三分之一的部分，等等。以这种方式，每个人对他或她得到的这四分之一的部分都感到满意。

下列的故事引自雷蒙德·斯穆里安（1980）：

乔治：唔，巧克力饼。我要把它一扫而光。

玛莎：我也要点心。我们应该平分。

乔治：不，我要全部。

玛莎：不，我们必须平分。让我们请默特尔来决定，她挺公正。

默特尔：你们都应该妥协：四分之三归乔治，四分之一归你，玛莎。

莫特·萨尔(Mart Sahl)曾经评注道：在1980年的总统选举中，许多人并不像投票反对卡特(Jimmy Carter)那样投票支持里根(Ronald Reagan)。他继续说，"要是里根还没有遭到反对，他就会失利。"

人们有个体偏好(individual preferences)，由于这些偏好往往不同，就必须从中来塑造集体偏好(group preferences)。这明显是一个困难的实际问题。它是一个更困难的理论问题——在某种意义上甚至是一个不可能的问题。

首先考虑一个投票悖论(voting paradox)，这个悖论源自18世纪法国哲学家孔多塞(Condorcet)。三个候选人——乔治、玛莎和沃尔多——正在竞选维斯康罗华(Wisconowa)州的州长。三分之一的选民认为乔治比玛莎更可取，玛莎比沃尔多更可取；另外三分之一的选民认为玛莎比沃尔多更可取，沃尔多比乔治更可取；剩下三分之一的选民认为沃尔多比乔治更可取，乔治比玛莎更可取。对此没有什么特别不同寻常的东西，除非在了解上述偏好的情况下我们考虑在两人竞选的情形中什么事情会发生。乔治可以夸耀说，三分之二的选民认为他比玛莎更可取。沃尔多回答说，三分之二的选民认为他比乔治更可取。最终，玛莎则反驳说，三分之二的选民认为她比沃尔多更可取。

如果，在这个例子中，社会偏好(societal preferences)是由大多数人投票决定的，那么，我们对偏好就会有一个非理性的社会排序——这就是说，"社会"认为乔治比玛莎更可取，玛莎比沃尔多更可取，而沃尔多比乔治更可取。因此，即使所有个体投票者的偏好是传递性的(传递性成立，如果每当一个投票者偏好 x 胜于偏好 y，偏好 y 胜于偏好 z，那么他或她偏好 x 胜于偏好 z)，但是由大多数人投票决定的社会偏好并不一定是传递性的(理性的)。

这里，我们可以证明一个普遍定理，它表明：所有"合理的"投票制度(或等价地说，经济市场制度)都遭受这样的无理性(irrationalities)，但在讨论这一点之前，应该指出的是，个体也免除不了孔多塞悖论(Condorcet's paradox)。

数学家保罗·霍尔姆斯(Paul Halmos)已经提出了这个悖论的应用于个体的变种：设若有一个女人，她试图决定购买三辆轿车中的哪一辆：轿车 G，轿车 M，或者轿车 W。* 由于条理分明，她有三个(权重相当的)标准作出这个决定：外观、支付能力和性能。轿车 G 看起来好于轿车 M，轿车 M 看起来好于轿车 W。另一方面，轿车 M 比轿车 W 更可支付，轿车 W 又比轿车 G 更可支付。最终，轿车 W 在性能上好于轿车 G，轿车 G 在性能上好于轿车 M。由于这个女人认为每个标准旗鼓相当，她进退两难。她显然偏好 G 胜于偏好 M(按照两个标准，G 比 M 得到更高的分)。她也偏好 M 胜于偏好 W(基于同样的理由)。但

* G、M、W 分别是乔治、玛莎、沃尔多三人名字的首字母。—— 译者

是她偏好 W 胜于偏好 G。

虽然同样的非传递性问题对个体成立，但它似乎以某种方式更易于解决。在上述情形中，你只需要诱导这个女人，让她声称其中的一个标准比其他两个标准更重要。这比让三分之一的选民改变其头脑要容易些。

经济学家肯尼思·J·阿罗(Kenneth J. Arrow)证明了(1951)孔多塞悖论的一个有趣概括。他表明，没有办法从个体偏好中引出能够被保证满足如下四个最小条件的社会偏好或集体偏好：社会偏好(1)必须是传递性的(如果社会偏好 x 胜于偏好 y，偏好 y 胜于偏好 z，那么它必须偏好 x 胜于偏好 z)；(2)必须满足帕累托原则(Pareto principle)(如果社会中的每个人偏好选项 x 胜于偏好选项 y，那么社会必须偏好 x 胜于偏好 y)；(3)必须满足不相关的选项的独立性(社会偏好只是依赖于个体**在**那个环境**中**对选项的排序)；(4)必须不易于受专制的影响(没有任何个体，其偏好自动地决定所有的社会偏好)。

汽车上粘贴的小标语：上帝怎么说，我就怎么相信，这解决了所有问题。(GOD SAID IT, I BELIEVE IT, AND THAT SETTLE'S IT.)(这个所有格符号传达的信息最多。)

曾经有一只蝎子想要渡过一条河。发现岩石上有一只乌龟，这只蝎子便问乌龟是否愿意带它过河，作为报答，它愿意向其昭示在哪里能够找到一些鲜美多汁的植物。

乌龟回答："我怎么确信你不蜇我的脖子呢？"

“不要犯傻，” 蝎子答道，“如果我这样做，我们都会被淹死。”

乌龟深信不疑。于是，它们开始向蝎子告知的那片植物游去。然而，当它们已经接近于到达河对岸时，蝎子最终还是蜇了乌龟的脖子。在勉力抵达河岸后，乌龟气喘吁吁地说：“为什么，为什么你这样对待我？”

蝎子从快要死去的乌龟的背上跳下来，解释说：“我以为你会潜到水下淹死我呢。”

囚徒困境(Prisoner's Dilemma)是具有社会含义的另一个古老难题。设想两个囚徒乔治和沃尔多，警方几乎没有真实的证据指控他们。虽然他们已经犯了罪，但是如果他们都不坦白，他们有可能只是受到一点惩罚(比如说被关押1年)。然而，如果乔治坦白了他们的罪行，沃尔多仍然保持沉默，乔治就会被释放，而沃尔多有可能被判5年徒刑。反过来，如果沃尔多坦白，乔治保持沉默，那么沃尔多将被释放，而乔治有可能被判5年徒刑。因此，每个人都面临一个选择：坦白还是不坦白。如果他们都坦白，每个人被判3年徒刑；如果他们都保持沉默，每个人被判1年徒刑；如果A坦白B沉默，则A被释放，B被判5年徒刑。

简单地说，这个难题的要点是：最优的行动方案(保持沉默)通常不是乔治和沃尔多有可能遵从的方案：他们都有可能坦白，以避免成为另一个人的替罪羊。这种局势当然不限于囚徒。婚姻中的配偶，竞争市场中的商人，军备竞赛中的国家政府，都会遇到这样的囚徒困境。亚当·斯密(Adam Smith)那只确保个人追求必然会保证集体福利的看不见的手，不时地会犯关节炎。

阿罗悖论(Arrow's paradox)和囚徒困境这类的结果，社会科学中众所周知的定量化和测量等问题(不妨一试：6.28在愉快刻度上，2.89在痛苦刻度上)，以及所有说明(尤其是意向说明)的固有风险(inherent riskiness)，应该(但大概不会)使我们在对我们自己、对社会，以及对未来进行预测时采纳一种审慎的怀疑论。刘易斯·卡罗尔的那只常常咧嘴嘻笑的柴郡猫，使我们想起了未来的那个最重要的、但却无法预测的决定要素：

“你能不能告诉我，从这里我该走哪条路?”爱丽丝问。

“那多半要看你想到哪里去。”猫回答说。

后记

> 在我年轻的时候，我忘记了笑。后来，当我睁开眼睛看见实在时，我开始笑，自此笑个不停。
>
> ——克尔恺郭尔

维特根斯坦曾经说道，他期待着有朝一日哲学不再成为自身独立存在的一门学科，而是注入所有其他的学科之中。按照这个观点，哲学是(或者应该是)一个副词：人们哲学地从事语言学，哲学地研究科学，哲学地分析政治问题。幽默或戏剧具有一些同样的特征。如果幽默本身成为一个活动的焦点，它就会变得笨拙。“我们现在讲笑话，幽默一把”这个通知听起来有一种极权主义的味道。幽默也是一个副词，它限制了一个人对其他活动的探讨：一个人幽默地回答问题，幽默地分析一个状况，幽默地写作或说话。

当然，“迅速地”、“痛苦地”以及“散发气味地”也是副词，但我希望我已设法指出，“哲学地”和“幽默地”至少在它们的最好的表现中，享有多于副词的资格。在一个相对开放的社会中，二者都要求一个自由的智识，二者都显示了一种对语言及其解释（或者误解）的敏锐关注，同时对于拆穿假面具显示了一种怀疑论的倾向。在大多数笑话的核心，都有一种不调和，这种不调和就类似于在大多数哲学问题的核心中，那种带有双关意义的答案的难题。同样，出现在许多笑话中的好斗的腔调，以及它们倾向于培养起来的社会控制，类似于在许多哲学文章中展现出来的好辩本质，以及它们旨在确立的智识统治。不过，应该注意的是，这种好斗的腔调和好辩的本质被清楚地加以限制，在其他人那里预设了一种独立的智识。

最终，幽默和哲学就其精髓来说都是富有人性的，就像它们的确要求的那样，要求一种超越自我及其境况的独特能力。在我们的希望（或自负）和实在之间的偏差不可能被视而不见，虽然我们有时候的确对之视而不见。对这个赤裸裸的偏差的回答贯穿在哲学和幽默之中。我思，故我笑。

我们的主人公——路德维格·维特根斯坦、伯特兰·罗素、刘易斯·卡罗尔和格劳乔·马克斯——正在讨论“什么是哲学?”这个问题。让我们在他们的讨论结束之际加入他们：

维特根斯坦：再说一遍，这个问题提得不好。对于“哲学”这个词存在着一系列用法。还有，我的主要目的是要进行澄清，是要表明如何从一件被伪装起来的无意义的事情过渡到某件显然无意义的事情。各种各样的误解，正如我总是强调的，必须被消除，如果我们想要摆脱它们的话。

格劳乔：那像是在治愈蹩脚的演员吗？

罗素：问得好，我认为，你对维特根斯坦先生正在谈论的东西把握得非常好。

格劳乔：伯蒂，这只是在这个自我指称的滑稽场面容易。我们不再是在电梯上了。我理解路德维格的要点，但是你们这些家伙梦想的大多数其他哲学材料似乎是如此找茬儿，如此技术性。关于这些大问题，像生活的意义、上帝的死亡，这些在电视上不断出现的残余，那又怎么样呢？

罗素：在确认和概率的意义、逻辑和科学定律的本质、还原论、人工智能和意向说明上出现的真正进步，比在这些所谓的大问题上的空洞废话好得多。大问题，至少有意义的大问题，总是在那里。它们有时候是通过回答小问题得到澄清的，有时候则无法这样澄清。不过，当它们不是这样被澄清的时候，听头脑不清思想混乱的教皇对它们详细说明毫无用处。勇敢地承认自己的无知更为可取。

格劳乔：冷静一些，伯蒂。如果没有这些头脑不清思想混乱的教皇，我们或许都会失业，或许更糟糕的是，我们都会变成律师。也许我正在试图把握（或者用路德维格的话来说，我在被治愈）的东西是你们正在谈论的东西，那又如何呢？对这些小问题的回答，或者就此而论任何其他的东西，在5万年后会有什么分别？到那时甚至我的电视都不会再运行了，《数学原理》、路德维格的《哲学研究》，甚或《爱丽丝漫游奇境》，也都不会有更多的副本。

刘易斯·卡罗尔（克服他的害羞，结结巴巴地说）：也许没……没……没有任何我们现在做出的东西在5万年后会有所分别，但是**如果**它们将有所分别，那么似乎在5万年后有所分别的东西**现在**也没有什么分别。尤其是，在5万年后我们现在做的事情不会产生什么影响，这件事现在并不要紧。

格劳乔：你可以向你的海象打赌，我不想费工夫与你纠缠不休。事实上，谈论许多东西的时间已经过去了。够了！如果你会一下子原谅我，我马上就会离开。不过，如果你坚持谈论这些东西，我会在激怒中离开，也许马上就会愤怒地离开。不管怎样，由于你还没有问，我要回去跟我们的老朋友玛莎做爱。所幸，她的丈夫乔治与沃尔多一起出去寻找绿蓝的祖母绿了。

格劳乔没精打采地走了，把这三位哲学家留在惊愕之中。

参考书目

Anobile, Robert J., ed. 1971, *Why a Duck*. New York: Darien House.

Arrow, K. J. 1951. *Social Choice and Individual Values*. New York: Wiley.

Barker, Stephen. 1964. *Philosophy of Mathematics*. Englewood Cliffs, N. J.: Prentice-Hall.

Bateson, Gregory. 1958. The Message "This Is Play." In B. Schaffner, ed., *Group Processes: Transactions of the Second Conference*. New York: Josiah Macy Jr. Foundation.

Bell, J. S. 1964, *Physics*.

Bentham, Jeremy. 1948. *An Introduction to the Principles of Morals and Legislation*. New York: Hafner.

Bergson, Henri. 1911. *Laughter: An Essay on the Meaning of the Comic*. New York: Macmillan.

Bohm, D. 1951. *Quantum Theory*. Englewood Cliffs, N. J.: Prentice-

Hall.

Brody, Baruch. 1970. *Readings in the Philosophy of Science*. Englewood Cliffs, N. J.: Prentice-Hall.

Carroll, Lewis. 1946. *Alice's Adventures in Wonderland* and *Through the Looking Glass*. New York: Grosset and Dunlap.

Chaitin, Gregory. 1965. Randomness and Mathematical Proof. *Scientific American*, March.

Chaitin, Gregory. 1966. Complexity Theory. *Communications of the ACM*, August.

Davidson, Donald. 1963. Actions, Reasons, and Causes. *Journal of Philosophy* 60.

Dawkins, Richard. 1976. *The Selfish Gene*. New York: Oxford University Press.

DeLong, Howard. 1970. *A Profile of Mathematical Logic*. Reading, Mass.: Addison-Wesley.

Dennett, Daniel. 1978. *Brainstorms*. Vermont: Bradford Books.

Descartes, René. 1977. Meditations on First Philosophy. In *Classics of Western Philosophy*. Indianapolis: Hackett.

Dretske, Fred. 1971. Conclusive Reason. *Australasian Journal of Philosophy* 49.

Enderton, Herbert. 1972. *A Mathematical Introduction to Logic*. New York: Academic Press.

Eves, Howard. 1958. *Mathematical Circles Adieu*.

Farzan, Massud. 1973. *Another Way of Laughter*. New York: E. P. Dutton.

Frege, Gotlob. 1949. On Sense and Nominatum. In Herbert Feigl and

Wilfrid Sellars, eds., *Readings in Philosophical Analysis*. New York: Appleton-Century-Crofts.

Freud, Sigmund. 1966. Project for a Scientific Psychology. In *The Standard Edition of the Complete Psychological Works of Sigmund Freud*. London: Hogarth Press and Institute for Psychoanalysis.

Fry, W. F. 1963. *Sweet Madness: A Study of Humor*. Palo Alto, Calif.: Pacific Press.

Gardner, Martin. 1973. Mathematical Games. *Scientific American*, July.

Gardner, Martin. 1981. *Gotcha*. San Francisco: Freeman Press.

Gettier, Edmund L. 1963. Is Justified True Belief Knowledge? *Analysis* 23.

Goodman, Nelson. 1965. *Fact, Fiction, and Forecast*. New York: Bobbs-Merrill.

Grice, H. P. 1957. Meaning. *Philosophical Review*.

Hempel, Carl. 1965. *Aspects of Scientific Explanation*. New York: Free Press.

Hofstadter, Douglas. 1982 and 1983. Metamagical Themas Column. *Scientific American*, January issues.

Hume, David. 1977. An Inquiry Concerning Human Understanding. In *Classics of Western Philosophy*. Indianapolis: Hackett.

Kant, Immanuel. 1977. Prolegomena to Any Future Metaphysics. In *Classics of Western Philosophy*. Indianapolis: Hackett.

Kripke, Saul. 1975. Outline of a Theory of Truth. *Journal of Philosophy*.

MacKay, D. M. 1964. Brain and Will. In *Body and Mind*. London: Allen and Unwin.

Malcolm, N. 1958. *Ludwig Wittgenstein: A Memoir*. London: Oxford University Press.

Margolis, Joseph. 1978. *An Introduction to Philosophical Inquiry*. New York: Knopf.

Mermin, N. David. 1981. Quantum Mysteries for Anyone. *Journal of Philosophy*.

Monk, Ray. 1983. *Ludwig Wittgenstein: Duty of Genius*. New York: Penguin.

Nozick, Robert. 1981. *Philosophical Explanations*. Cambridge, Mass.: Harvard University Press.

Nozick, Robert. Newcombe's Problem and Two Principles of Choice. In *Essays in Honor of Carl G. Hempel*. Dordrecht: Reidel.

Pagels, Heinz R. 1982. *The Cosmic Code*. New York: Simon and Schuster.

Pascal, Blaise. 1966. *Pensées*. London: Penguin Books.

Paulos, John A. 1980. *Mathematics and Humor*. Chicago: University of Chicago Press.

Pitcher, George. 1966. Wittgenstein, Nonsense, and Lewis Carroll. *Massachusetts Review*.

Poincaré, Henri. 1913. *The Foundation of Science*. New York: Science Press.

Popper, Karl. 1959. *The Logic of Scientific Discovery*. London: Hutchinson.

Popper, Karl. 1972. *Objective Knowledge*. Oxford: Oxford University Press.

Putnam, Hilary. 1975a. The Logic of Quantum Mechanics. In *Mathematics, Matter and Method*. Cambridge: Cambridge University Press.

Putnam, Hilary. 1975b. Minds and Machines. In *Mind, Language and Reality*. Cambridge: Cambridge University Press.

Quine, W. V. O. 1953. Two Dogmas of Empiricism. In *From a Logical Point of View*. Cambridge, Mass.: Harvard University Press.

Quine, W. V. O. 1960. *Word and Object*. Cambridge, Mass.: MIT Press.

Reichenbach, Hans. 1949. On the Justification of Induction. In Herbert Feigl and Wilfrid Sellars, eds., *Readings in Philosophical Analysis*. New York: Appleton-Century-Crofts.

Rosten Leo. 1968. *The Joys of Yiddish*. New York: McGraw-Hill.

Russell, Bertrand. 1956. On Denoting. In R. C. Marsh, ed., *Logic and Knowledge*. London: Allen and Unwin.

Russell, Bertrand. 1924. *Introduction to Mathematical Philosophy*. New York: Macmillan.

Russell, Bertrand and A. N. Whitehead. 1910. *Principia Mathematica*. Cambridge: Cambridge University Press.

Salmon, Wesley. 1977. A Third Dogma of Empiricism. In *Basic Problems in Methodology and Linguistics*. Dordrecht: Reidel.

Skyrms, Brian. 1966. *Choice and Chance*. Belmont, Calif.: Dickenson.

Smullyan, Raymond. 1980. *This Book Needs No Title*. Englewood Cliffs, N. J.: Prentice-Hall.

Turing, Alan M. 1950. Computing Machinery and Intelligence. *Mind* 59.

Watzlawick, Paul. 1977. *Behavior and Paradox*.

Wittgenstein, Ludwig. 1953. *The Philosophical Investigations*. Oxford: Blackwell.

Wittgenstein, Ludwig. 1961. *Tractatus Logico-Philosophicus*. Translated by D. F. Pears and B. F. McGuinness. London: Routledge and Kegan Paul.

图书在版编目(CIP)数据

我思故我笑：哲学的幽默一面/(美)约翰 · 艾伦 · 保罗斯(John Allen Paulos)著；徐向东译. —上海：上海科技教育出版社，2017.6

(世纪人文系列丛书·开放人文)

ISBN 978-7-5428-5908-2

Ⅰ. ①我… Ⅱ. ①约… ②徐… Ⅲ. ①哲学—通俗读物
Ⅳ. ①B-49

中国版本图书馆 CIP 数据核字(2017)第 062053 号

责任编辑 潘 涛 尹传红 王 洋

装帧设计 陆智昌 朱赢椿 汤世梁

我思故我笑——哲学的幽默一面

[美] 约翰 · 艾伦 · 保罗斯 著

徐向东 译

出　　版 世纪出版集团 上海科技教育出版社
(200235 上海冠生园路 393 号 www.ewen.co)
发　　行 上海世纪出版集团发行中心
印　　刷 上海商务联西印刷有限公司
开　　本 635 × 965 mm 1/16
印　　张 10
插　　页 4
字　　数 134 000
版　　次 2017 年 6 月第 1 版
印　　次 2017 年 6 月第 1 次印刷
ISBN 978-7-5428-5908-2/N · 1008
图　　字 09-2017-399 号
定　　价 28.00 元